公司的社会责任理论探究

——以《公司法》为视角

武正雄◎著

吉林大学出版社

图书在版编目（CIP）数据

公司的社会责任理论探究 ：以《公司法》为视角/
武正雄著. --长春：吉林大学出版社，2017.4（2024.8重印）
　ISBN 978-7-5677-9616-4

　Ⅰ.①公⋯　Ⅱ.①武⋯　Ⅲ.①公司－企业责任－社会
责任－研究　Ⅳ.①F272－05

中国版本图书馆 CIP 数据核字（2017）第 104886 号

书　　名　公司的社会责任理论探究 ：以《公司法》为视角
　　　　　GONGSI DE SHEHUI ZEREN LILUN TANJIU ；YI《GONGSIFA》WEI SHI-
　　　　　JIAO

作　　者　武正雄　著
策划编辑　孟亚黎
责任编辑　孟亚黎
责任校对　樊俊恒
装帧设计　崔　蕾
出版发行　吉林大学出版社
社　　址　长春市朝阳区明德路 501 号
邮政编码　130021
发行电话　0431－89580028/29/21
网　　址　http：//www. jlup. com. cn
电子邮箱　jlup@mail. jlu. edu. cn
印　　刷　三河市天润建兴印务有限公司
开　　本　787×1092　1/16
印　　张　12.5
字　　数　162 千字
版　　次　2017 年 11 月　第 1 版
印　　次　2024 年 8 月　第 3 次
书　　号　ISBN 978-7-5677-9616-4
定　　价　42.00 元

前　言

公司社会责任的起源可以追溯到上几个世纪，而我们现在所讨论的公司社会责任是从 20 世纪 50 年代开始发展的现代公司社会责任。经过半个多世纪的发展，公司社会责任目前与可持续发展原则统一形成了相关领域，在社会、市场和政府的共同作用下也开始逐渐变得系统化。同时，随着经济全球化、公司全球化，公司社会责任也出现了全球化特征，逐渐发展成全球适用的公司社会责任方案。

21 世纪，可持续发展是全球性目标，公司社会责任越来越受到公司、政府和社会公众的重视。在这种情况下，公司也意识到开展公司社会责任实践的重要性和必要性。学习和理解公司社会责任的相关理念和理论为公司更好地掌握公司社会责任打下基础，但更为重要的是将理论融入实践，目前公司面临的最重要的课题是如何将公司社会责任融入日常公司运营活动中。虽然在国际范围内对公司社会责任有了普遍化的定义，但根据不同的国家、地区、文化背景和行业等，公司社会责任也有所不同，公司需要根据具体情况履行相应的社会责任。本书就是在这样的背景下撰写的，希望本书有助于读者进一步了解公司社会责任对实现现代化公司管理和提高竞争力的现实意义和战略意义，有助于管理者掌握创新管理思维，有助于公司坚持可持续发展原则，并坚定成为负责任的优秀公司公民的愿景。

本书共八章，从公司社会责任的基本概念，到其发展以及各国实践都有所介绍。第一章对公司社会责任的基本概念进行了阐述和解释，并介绍了其战略意义；第二章对公司社会责任的历史发展进行了介绍,并对相关法理进行了简单介绍;第三章解释了公司社会责任的阈值,并对其实施和执行进行了分析;第四章对公司社会责任开展面临的问题和发展前景进行了分析,并介绍了公司社会责任的战略管理;第五章对公司利益相关者以及其与公司之间的关系进行了分析;第六章对公司社会责任如何运用到公司的运营中进行了总结分析,并提出了相关建议;第七章主要探讨了公司社会责任与公司财务之间的关系,重点对融资、投资和财务三个方面进行了分析;第八章对国外公司社会责任实践进行了介绍和分析。

在撰写本书的过程中,参考了相关专家、学者的著作、论文,从中获得了许多有益的成果、见解,谨致以诚挚的谢意。由于作者水平有限,书中难免有不妥之处,敬请同行专家、学者和广大读者批评指正。

作　者
2017 年 3 月

目　录

第一章　公司社会责任基本概念阐释

现代公司社会责任从 20 世纪 50 年代初的"公司社会责任"发展至今,一方面它的演变逐渐与可持续发展原则相统一形成共同相关的领域,在社会、市场和政府各方的共同参与和交互作用之下不断走向系统化,而另一方面在此历程中这一理念得到普及,超出了公司界,超越了国界,继而发展成为全球各类组织普遍适用的"社会责任"方案。社会责任和可持续发展是 21 世纪人类共同的主题。

第一节　公司社会责任的概念与驱动力

一、公司社会责任的含义

公司社会责任包括多个方面的含义,以下是一些学者对公司社会责任的看法。

美国经济学家、诺贝尔奖获得者米尔顿·弗里德认为,"公司仅具有一种而且只有一种社会责任——在法律制度许可范围内,利用它的资源从事旨在增加它的利润的活动"。

斯蒂芬·P. 罗宾斯认为:"公司的社会责任是指超过法律和经济要求的、公司为谋求对社会有利的长远目标所承担的责任"。

哈罗德·孔茨等认为:"公司的社会责任就是认真地考虑公司的一举一动对社会的影响"。

约翰·埃尔金顿认为,公司的行为要满足经济、社会与环境的底线,即所谓"三重底线"理论。

乔治亚大学的阿奇·B.卡罗尔将公司社会责任分解为四个方面:经济责任、法律责任、伦理责任和慈善责任,组成所谓"金字塔"模型(图1-1),之后在第二章、第五章还会再提起。

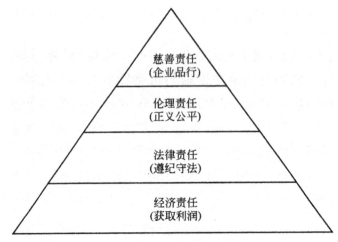

图1-1 公司社会责任"金字塔"模型

世界银行给出的公司社会责任的定义是:公司与关键利益相关者的关系、价值观、遵纪守法以及尊重人、社区和环境有关的政策和实践的集合,是公司为改善利益相关者的生活质量而贡献于可持续发展的一种承诺。

欧盟则把公司社会责任定义为,"公司在自愿的基础上把对社会和环境的关切整合到它们的经营运作以及它们与其利益相关者的互动中"。

国际标准化组织认为,社会责任是指一个组织在开展任何活动时都要负责任地考虑对社会和环境的影响,其活动应当满足社会和可持续发展的需要,符合社会道德标准,不与法律和政府间协议相抵触,并全面贯穿到该组织开展的活动之中。

世界经济论坛认为,作为公司公民的社会责任包括四个方面:一是好的公司治理和道德标准,二是对人的责任,三是对环境的责任,四是对社会发展的广义贡献。

根据以上的论述,公司社会责任有一个可选择度的问题,通常将公司社会责任划分为必尽之责任、应尽之责任和愿尽之责任。

(1)必尽之责任:

经济责任,是基础,为了公司的赢利和发展。

法律责任,是前提,法律是社会强制力、约束力。

(2)应尽之责任,指道德责任。公司有义务主动遵守约定俗成的行为规范。我国公民基本道德规范是:"爱国守法,明礼诚信,团结友善,勤俭自强,敬业奉献",人人都应遵守。

(3)愿尽之责任。如慈善事业、高尚的商业道德。这是公司自愿为社会做出更多的贡献,也是公司实现价值的重要体现。

据此,公司社会责任可定义为,公司在运营过程中,遵循法律法规、社会道德和商业伦理标准,对利益相关方、环境及子孙后代负责,持续追求经济、社会和环境的综合价值最大化的行为。

从对公司社会责任的论述可以看出,公司的收入分配也应考虑到公司社会责任的层级。第一,公司收入分配要保障公司能够正常持续运转。公司在进行收入分配时,要充分考虑到收入分配的限制条件,将其纳入收入分配的一部分原则之中。第二,公司收入分配要考虑自己所要承担的社会责任,并将其纳入自己正常经营范围之内。在新理财环境之中,社会责任是公司宣传自己的一张名片。新理财环境之中,公众能够通过信息网络快速了解到公司的社会责任状况,给予公司以积极正面的评价。比较典型的例子就是王老吉公司。王老吉在汶川地震中率先向灾区捐款1亿元人民币,迅速获得全国公众的认可,当时有公众号称要"买光它们"。在这个案例中,社会责任起到了十分正面的营销作用。第三,公司收入分配要考虑到其承担社会责任的不同层级。从前面的论述可以看出,公司要承担的社会责任是多方面的。应对这些社会责任,切忌眉毛胡子一把抓,要分清主次,顺次履行。对于一个公司来说,其社会责任相关者首先是员工。公司除了要支付员工报酬以外,还要不断改善员工的待遇,实现他们与社会的同步发展。其次,公司要承担一定的社区责任。社区是公司稳定发展的一个重要方面。社区的治安环境稳定为公司的健康可持续发展提供了重要支持。据此,公司要回馈社区,同社区内其他主体共同建设社区,维持社区环境的长久繁荣稳定。最后,公司要回馈环境,承担一定的环境责任。公司是良好自然环境的受益者,为了公司的长久发展,在收入分配中公司要注意承担一定的环境改善责任。

二、公司社会责任的五个驱动力

公司社会责任会因影响一个公司运营的所有方面而显得十分重要。在当今的动态商业环境中,能够平衡好其各方利益相关者之间的利益冲突的公司是最有可能获得成功的。特别是由于五个明确的趋势(在 21 世纪会不断变得更加重要),公司社会责任作为战略不可分割的组成部分会对公司起到越来越重要的作用。

(一)富裕

一方面,一个贫穷的、需要就业和对内投资的社会,不太可能会推动严格的规定并且惩罚那些会将它们的公司和钱转移到其他地方的组织。另一方面,发达社会的消费者可以负担起他们所购买的产品,因而对他们购买商品的公司期望会更多。这种观念在 21 世纪前后的公司丑闻和当下的金融危机中不断加强。公司丑闻和金融危机减少了公众对公司和金融行业的信任,尤其是减少了对管制机构控制公司出格行为能力的信任。富裕影响并且带来了社会期望的变化。因此,在富裕社会中的公司,承受着需要证明其是对社会负责的压力。所以,全球富裕程度的增加会使公司社会责任在全球范围内逐渐被提上议程。

(二)可持续性

社会普遍富裕的增加和变化的社会期望带来了对环境更多

的关注。原材料价格的上涨、两栖动物种群变异率的上升、生物多样性的减少和其他实证指标都支持了这一直觉——地球是有生态极限的。我们接近地球极限的速度和我们行动的潜在后果都是一些专业知识无法解释的复杂问题。然而，毫无疑问的是人类的经济活动正在消耗地球资源并且给地球大气层带来剧烈的变化——这些变化在短期内都是不可逆转的。因此，不关心环境责任的公司很可能被指责或惩罚。

(三)全球性

公司逐渐地在一个全球化环境中经营生意。在多国多文化下经营，极速加大了公司运作的复杂程度。不仅仅需要理解更多的法律和规则，而且需要掌握更多的社会规范和文化。此外，跨国公司需要负责的利益相关者的范围扩大了，其不同利益相关者需求之间潜在冲突的可能性也变大了。全球化增加了公司从跨国界生产中获取的效益，同时当公司行为没有符合当地社区需求和期望时，它也会引发全球的关注。

(四)品牌

所有带来公司社会责任重要性的趋势都与一个公司的名誉和品牌的重要性相重合。品牌现今常常是公司成功的一个焦点。公司试图在消费者脑中建立一个流行的品牌，因为这样可以增加它们的竞争优势，从而带来更好的销售和利润。此外，消费者更可能为他们知道和信赖的品牌额外付款。然而，由于不断增加的利益相关者，其需求也不断增多，再加上在全球化背景下商业复杂性不断加强，个人和媒体将公司过失立即向全球传播的能力也在不断增加；当今，一个公司的名誉比以前任何时候都具有不确定性——难以建立并且容易丧失。生活方式品牌(基于呼吁消费者关注共同的价值观)依赖于公司传递给其消费者的观念。因此，就像国际品牌集团的年度品牌调查所证明的，品牌比其他任何时候都有价值，并且公司需要向前迈出一大步来保证其持续性发展。

(五)媒体

社会媒体影响力的增加使得公司任何公司社会责任倒退的行为会很快地被带到全球公众的视野中。丑闻就是新闻,过去的目击者现今被袖珍摄像机和手机所武装,可以通过视频、博客和即时短信提供证据。此外,互联网加快了行动群体和志趣相投的人之间的交流,使他们能够在协调集体行动的同时传播信息。这些技术已经超出了独裁政府所控制的范围并且使人们找到了新的转移及抗争的途径。

第二节 公司社会责任的性质特征与分类

一、公司社会责任的性质特征

理解社会责任的性质特征(图1-2)对于从本质上认识社会责任十分重要。

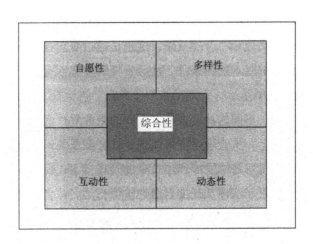

图1-2 社会责任的特征

(一)社会责任的自愿性

首先,强调履行社会责任是包括遵守法律但不仅限于遵守法律的道德行为。社会责任虽然是自愿的,但不是随意的,也不是可有可无的。社会责任的自愿性同时说明它不是一种短期的活动而是长期性投资。

(二)社会责任的互动性

识别利益相关方并与它(他)们保持互动的关系是社会责任的基本实践。

利益相关方是在一个组织的任何决策和活动中具有一种或多种利益的组织或个人。由于这些利益可能受到一个组织的影响,这就产生了与组织的一种关系,不管相关方是否意识到这一利益产生的关系是存在的。这一关系不一定是正式的。一个组织不一定始终意识到它所有的利益相关方,尽管它力求去识别它(他)们。与此相似,很多利益相关方不一定意识到一个组织影响它(他)们利益的潜在可能性。

利益相关方参与包含组织与它的一个或多个利益相关方之间的对话。通过为其决策提供一个明确的信息基础,它有助于组织处理其社会责任。利益相关方参与可采取多种形式。可以由一个组织倡议,也可以由一个组织对一个或几个利益相关方做出回应而开始。它既可以是正式会议,又可以是非正式会议,并可以具有各不相同的形式,如单独个别会议、大会、讨论会、公众听取会、圆桌讨论、顾问委员会,定期的和系统化的信息及协商程序,集体谈判和网络论坛。利益相关方参与应当互动,力图为利益相关方提供其意见得到听取的机会。它的本质特征是双向沟通。

(三)社会责任的动态性

公司社会责任是一个动态过程,在此过程中涉及所有的利益相关方的知识、参与和网络,它们都有助于应对复杂的社会挑战和寻求解决问题的方案。公司是主要的方案开发者和提供者。没有可持续的公司管理就没有可持续发展。公司要应对的最大挑战是,如何将已有的方法和措施融入战略、内部组织结构、管理流程和公司的文化之中。公司社会责任描述了公司如何通过业务活动影响社会、环境和社区以及负责任意识的程度。有多重因素使公司社会责任在社会、政策和法律环境方面产生影响。所以,不同的时期关注不同的主题,需要不同的措施和差异化的战略。因此,公司社会责任不是静止的,总是与公司社会(社区)参与的理念和实践状态相联系,这意味着公司社会责任的动态性决定公司社会责任的阶段性特征。

(四)社会责任的多样性

取决于公司所处的环境,公司的文化和利益相关方的需求,各个不同公司的社会责任战略会明显不同。每一个参与履行社会责任的公司必须找到与其公司文化相符合的战略。这也是通过履行社会责任使公司和社会都获得成功的基本前提条件。社会责任的多样性有利于产生保护社会利益的创造性方法。

不同的国家、不同的社会成员和不同的公司对社会责任可能有不同的理解,但总体上,从管理角度可以说,社会责任是一个负责任的并为经济、社会和环境可持续发展做出贡献的管理方案;社会责任是包括法律法规,但不限于法律法规的自愿性价值行为;社会责任考虑利益相关方和社会的期望,公司将可持续性融入公司战略、管理和日常经营以及与利益相关方互动的关系中。所以,对社会责任的理解也包括理解它的重要准则和社会责任的文化特征。

与上述方案相一致,可表示出社会责任文化的基本特征,如图1-3所示。

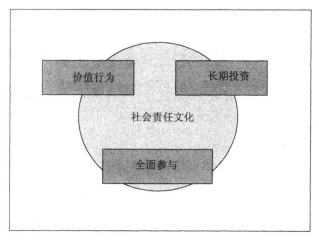

图 1-3　公司社会责任文化的基本特征

(五)社会责任的综合性

社会责任作为一种负责任的管理方案,包括经济、环境和社会三个方面。一般可将社会责任理解为公司为经济、环境和社会可持续性、自愿性地实现高度的道德标准做出的一个战略定位。

说明社会责任不仅不是一个额外的任务,而且是一个必须融入整个公司与所有部门相关的综合性任务;公司社会责任与核心业务相结合是履行社会责任和实现可持续发展的基本出发点,也是社会责任可信度的根本标志。

1.公司社会责任的组织

公司社会责任组织是公司履行社会责任的重要组织保障。一个公司不能指望只靠任命一个负责人,或只靠成立一个相关部门就可履行社会责任。这里不仅有组织上落实而且有功能设置和各部门之间协调及配合的问题。更为重要的是,公司社会责任的组织在整个管理系统中所处的地位。一个合适的社会责任组织和形式,其中包括公司最高领导的真正负责和参与,是公司开展社会责任活动的重要先决条件。

2.公司社会责任管理者

公司社会责任管理者承担的任务是具有挑战性的。他为公司制定和实施社会责任战略,将社会责任全面融入公司战略和公司组织机构之中。作为公司社会责任管理者,需要在公司内部高度认可社会责任及可持续管理的主题,这一认可度会通过社会责任活动的透明性明显地加强。

社会责任管理者的人品体现可持续性元素。他必须为公司的目标产生增值、证明自己的贡献,并且使他的社会责任措施获得支持者。一个令人信服的表现、合理的团队和公司内广泛的支持是成功的基础。

二、公司社会责任的类型

公司履行社会责任自然遇到的问题是,如何具体行动和必须进行哪些活动才能有助于在实践中有效地履行公司社会责任。因此,为了合理开展社会责任活动,有必要认识社会责任的不同类型。

有两个划分类型的准则(M. Meyer & J. Wassmann 和 D. Lotter & J. Braun)。第一个是按照公司社会责任与公司核心业务结合为公司创造增值的高低程度,可以分为非战略性公司社会责任和战略性公司社会责任。第二个是根据其为公司为社会创造增值的大小,或者是按法律方面的要求和来自利益相关方的压力做出反应,或是在自愿的基础上主动开展公司社会责任的活动,这样可以将上述两种公司社会责任再分别分为两种不同的类型。按照这两个准则划分公司社会责任可以得出如图1-4所示的二维矩阵。每一矩阵元素分别代表具有不同特征的一种类型。使用这个矩阵可以识别公司履行社会责任所处的地位,也有助于考虑如何将社会责任的应用方案系统化。

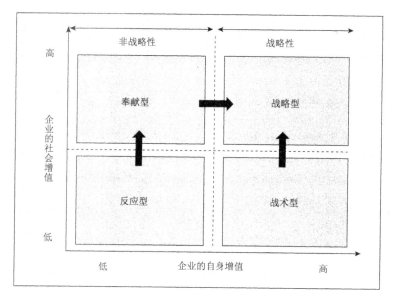

图1-4　公司社会责任的类型

(一)非战略性公司社会责任

从原则上讲,非战略性公司社会责任的特征是,它的社会责任活动与核心业务没有关系。这种类型的公司社会责任表现为两种,一种是反应型公司社会责任,另一种是奉献型(人道型、慈善型)公司社会责任。

1.反应型公司社会责任

这种公司社会责任包括一个公司当前出自对外部压力的反应,对受公司活动影响的利益相关方承担责任的活动。很多情况下是为了补偿短期形象上的损失。利益相关方受到的影响可以是物质的、心理的、经济的、精神的和情绪上的。因此,反应型公司社会责任被认为是公司履行法定义务或执行社会标准,即使在公司的营利性受到限制时也是不可推卸的。因为公司作为一个社会机构,这是不言而喻的义务。也就是说,公司要承担社会的成本。这种社会责任一般只停留在遵守法律、承担社会责任的最低要求上。反应型公司社会责任也包括超过法律要求的范围、按照社会的准则和价值观对利益相关方负责的活动。比如,为产品安全和为避免产生环境污染的投资就属于反应型公司社会责任活动。

2.奉献型公司社会责任

这种公司社会责任包括公司超出法律和社会准则的要求范围,作为一个优秀公司公民所进行的与公司核心业务领域无关的活动,其中包括慈善活动和公司公民活动。在此顺便指出,也有把慈善活动看成是道德型公司社会责任的观点,原因是这种活动始终出自道德的动因。此外也有把公司慈善归为公司战略考虑范围的情况。在此处将公司慈善放在非战略性奉献型公司社会责任之下,是因为一方面这里所指的活动实质上不是由于社会压力而是按照道德准则要求进行的。另一方面考虑到,公司慈善在实践中不是公司核心业务的有机组成部分。奉献型公司社会责任是公司为了解决社会问题自愿地投入一部分自身具有的能力和资源的活动。比如,与教育机构合作或文化赞助都属此类活动。这类公司社会责任只是适度的沟通。

从公司观点看,奉献型公司社会责任与反应型公司社会责任不同,进行这些活动不存在直接的道德义务。所以,奉献型公司社会责任不是对各利益相关方的压力的反应,而是在开展自身业务的同时积极主动地为社会做出奉献,即产生社会增值。

无论是反应型公司社会责任还是奉献型公司社会责任都有一个共同点,这两种类型同公司核心业务不具有直接的关系。也正是由于这个原因,在非战略性公司社会责任中,常常在社会责任和营利性之间出现特别冲突的意见。因为一方面公司履行这种形式的社会责任往往增加公司的财务负担,另一方面非战略性公司社会责任的内容定义又不是很清楚。对于公司来说,这种公司社会责任在实践中意味着资源总体配置效率不高。这种公司社会责任类型也被当作奢侈品,在经济形势不好的情况下有可能被抛弃。从成本的观点考虑,保证公司的社会经营许可,或保证公司在社会的接受度,是开展这类自愿社会责任活动的唯一实用和有说服力的论据。

(二)战略性公司社会责任

战略性公司社会责任与非战略性公司社会责任相反,它的活动是公司业务领域或整个公司差异性战略的有机组成部分。因此,它不再是首先作为当前绩效的评价,而是被看成是长期的投资。战略性公司社会责任的观点是,自愿履行社会责任的公司会受到市场的奖励。一个投资于公司社会责任的公司可以在为社会增值的同时也增加自己的赢利。公司通过社会责任有助于改善自己的竞争力。与此相应所遵循的战略是在某种程度上将自我价值最大化。

1.战术型公司社会责任

这种公司社会责任的特点是,公司事实上履行责任的实际情况和社会责任沟通之间明显不对称。也就是说,这种公司社会责任在社会价值与经济激励之间、在追求赢利和履行社会责任之间失去平衡。利益相关方把这种扭曲的或虚构的社会责任活动当作是不可信的广告。对公司的期望感到失望,这可能引起长期对公司失去信任。这类公司社会责任往往只在出现错误行为时或者出自利益相关方的压力时才进行某些公司社会责任活动,公司的行为只是战术型的。

此外,公司社会责任与市场营销极其相关,因为公司赢利的基础取决于公司与一个主要利益相关方群体——客户的关系。出自这个原因,实际中有各种在战略上融入公司社会责任的应用方案,例如公益(事业关联)营销、公司赞助或公司社会营销。在营销领域,所要解决的问题是,公司可以做出什么有助于解决社会问题的贡献而同时又为客户产生增值。这种营销或称可持续营销,也归属于战略型公司社会责任,因为这里力求积极地将社会中的社会—生态考虑融入公司的核心业务,以期达到公司能够长期成功。

应当指出,这种注重考虑公司受益的观点也受到尖锐的评价,认为这与早先反对公司社会责任、主张公司以赢利为目标的观点有共同之处。但是这样的看法并不完全,因为这种公司社会责任可以通过激励机制赢利,鼓励公司为社会创造财富增值。此外,公司社会责任在战略上注重长期赢利而不只追求短期的结果。

由此可以看出,战略性公司社会责任方案遵循的是一个公司发展的工具性方法。这里需要在履行社会责任创造社会财富增值和利用社会责任的标牌谋求经济利益之间把握明确的界线,因此在实践中如何正确地应用这一方法是关键。

2.战略型公司社会责任

这种类型公司社会责任的特点是,除了社会价值外,也充分利用机会提高公司的有效性(增强对产品的需求)和效率(减少成本)。这种社会责任实现目标的方式是,不仅使社会、特别是利益相关方,而且使公司自己同时受益。当公司社会责任活动除产生社会增值外还产生公司优势时,这在最广泛的意义上就具有了战略性的特征(合作共赢)。与反应型公司社会责任相比,战略型公司社会责任不是狭义地针对问题做出反应,而是与公司的指导原则和战略相联系,主动寻求社会(社区)参与的机会,从一开始就直接与价值链和竞争力相结合。社会责任的沟通是可信的和透明的。公司在原则及价值观上基本达到言行一致。

最后,需要说明,非战略性社会责任和战术型社会责任都可转变为战略型社会责任。这一转变是一个连续的变化过程,具有不同的方式和路径,不可能在一夜之间完成。社会责任类型的转变的必要条件是战略的转变,并且需要组织和管理措施的支撑,此处不拟详细讨论。

第三节　公司社会责任的评估

学界学者总是试图从不同方面对企业社会责任的概念、定义和范围等理论进行研究，其观点所表现出来的差异，正反映了企业和社会之间的关系。有一些学者认为有必要开发一个综合性的评价体系，帮助人们认识到企业履行社会责任方面的表现。由此来看，企业社会责任的评估已经成为学界进一步研究的话题。

一、企业社会责任评估的文献综述

从评估的理论结构来讲，企业社会责任评估涉及三个方面的问题，主要是评估的要素、评估的内容和结构、评估的方法。

(一)企业社会责任评估的要素

企业社会责任的评估首先要确定被评估事物的要素，也就是评估体系的选择依据以及结构。这是企业社会责任评估的一个焦点问题。它确定了企业社会责任评估的基础，同时也对企业的社会责任努力方向起到引导作用。

通过相关文献的查找，关于企业社会责任评估要素的研究可以划分为两类。一类是关于社会问题的评价，另一类则是关于利益相关者的评价。关于社会问题评价框架的研究主要是给予企业社会责任的概念和理论规范研究，主要集中于社会责任问题评估的指标与结构。这种类型的研究反映了人们对社会责任评估的期望与目标。但是这种评估方法也有明显的问题，人们对于社会责任的评估往往涉及一个或者多个利益相关者，而且基于社会问题的社会责任评估也越来越多地受到质疑。这个方面较有影响力的指标体系是多米尼社会指数，是1995年至今使用较多的计量指标，采用了企业社会责任八个社会问题维度的评价，包括南非和军事问题等。

在上述方面遇到困难之后,人们逐渐将基于社会问题的社会责任评估转向基于社会问题和利益相关者关系的社会责任评估。2010年年底,ISO26000发布的《社会责任指南》就以企业与利益相关者和社会责任的关系展开了社会责任评估,并确定了七个方面的核心主题,分别是:"组织管理、人权、劳工实践、环境、公平运营、社区参与和发展"。

(二)企业社会责任评估的内容和结构

在企业社会责任内容方面,卡罗尔(Caroll)通常被认为是较权威的学者。他提出了一个"三维"的企业社会责任评估模型,如图1-5所示。

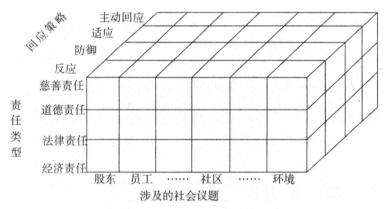

图1-5 卡罗尔社会责任评估模型

宾州大学 Steven L. Wartick 认为对于公司社会责任的评估应该摆脱概念的束缚,有更为实用和纯粹的管理意义。在这个理念的基础上,Wartick 提出了企业社会责任评估应包含社会责任的基本原则、回应过程和解决社会问题之间的相互关系。Wartick 对卡罗尔的模型进行了进一步的总结,如表1-1所示。

表 1-1　原则、过程和政策的企业社会责任绩效框架

原则	过程	政策
企业社会责任	企业社会回应	社会责任管理
经济的	反应性的	
法律的	预防性的	利益相关者识别
道德的	适应性的	利益相关者分析
慈善的	主动性的	利益相关者回应措施

　　Wartick 的这个模型关注了如何引导企业执行社会责任,但是却忽略了之后的评估措施。Wood 教授则在上述两种模型的基础上对企业社会绩效进行了改进,将企业执行社会责任的活动评估放在行动和结果之上。由此,Wood 教授指出企业社会责任评估应包含企业社会责任原则、企业回应过程和企业行为结果三个方面,如图 1-6 所示。

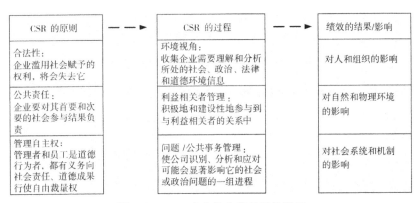

图 1-6　Wood 企业社会责任评估模型

　　有相当一部分学者对 Wood 的观点持支持的态度,认为可以通过执行和结果的衡量合理引导企业执行社会责任。然而,在实际应用过程中,企业社会责任的措施不可能有如此清晰地划分。企业执行社会责任的过程和结果只有一部分可以通过明确的文字和图片进行描述,还有很多是无法准确描述的。例如,人们可以通过企业在什么时间、什么地方植树多少衡量企业的绿色环境行为以及结果,但是却很难准确通过文字衡量企业的存在与发展给所在小区带来了哪些益处,甚至是给整个社会带来了哪些益处。

(三)企业社会责任评估的方法

当前,学界与企业社会责任评估相关的方法主要有三种,分别是:主观评估法、客观评估法、企业社会责任认证方法。主观评估法主要是通过社会责任相关方面的专家对企业的各项总体印象进行评估。客观评估法则是运用企业履行自身社会责任的各项成绩来描述企业的社会责任水平,如有毒废液排放量(Toxics Release Inventory,TRI)、企业社会慈善捐赠等,企业社会责任认证方法主要是指运用一系列的指标对企业的社会责任进行评估,例如 SA8000。

在实际应用之中,企业社会责任绩效评估的方法各不相同。美国有四类公开的社会责任评估面板数据,从不同的方面对企业的社会责任履行情况进行描述,分别是《财富》名誉调查排名、多米尼社会指数指标、TRI 指标、慷慨指数(generosity index)。加拿大也有公开的社会责任评估指标,也就是加拿大社会投资数据库(Canadian Social Investment Database,CSID)。法国则是采用了社会评级的一种方法对企业的社会责任进行描述,由法国的大气辐射测量增加短波实验(Atmospheric Radiation Measurement Enhanced Shortwave Experiment,ARESE)进行确定。上述三种方法的比较,具体如表 1-2 所示。

表 1-2 国外企业社会责任绩效评价方法比较

数据	美国财富名誉调查	CSID	ARESE
分类依据	财政和社会指标	从利益相关者角度	利益相关者和管理方法
分类明细	财务稳健	社区	人力资源
	长期投资价值	员工	环境、卫生及安全
	资产使用	环境	客户和供应商关系

续表

数据	美国财富名誉调查	CSID	ARESE
分类明细	管理质量	产品和服务	股东关系
	创新	多样性	与民间社会的关系
	产品和服务质量	国际性	5个主题,每个主题又包括原则、过程和结果三个管理方面。共15项
	人才培养与使用	商业实践	
	社区和环境责任	其他	
评价准则	0(很差)～10(优异)10分量标分析	$(-2,-1,0,1,2)2$ 重大强度,1明显强度,0没有优势	每个维度的评分为0～300(三个管理方面每一个100分制评分)
聚合方法	平均加权	平均加权	企业社会责任绩效总分通过多准则分析方法得出加权系统

国内也有类似的社会财富名誉调查排行的方法,分别是《南方周末》在2004年开始的企业创富榜和中国社会科学院2009年开始的中国社会企业责任发展指数。与国外的企业相比来看,国内企业的社会责任分析方法缺少相应数据,很难量化,说服力不强。

二、企业社会责任评估指标体系构建

(一)指标体系层次结构

企业社会责任是一个复杂的层次系统,众多的社会主题、议题和利益相关者问题都会与企业的经营活动构成关系。这些关系构成了企业社会责任的表现。根据之前的文献总数可以看出,在社会问题和利益相关者关系问题上有典型的层次结构和树形特征,层次关系可以概括为:

①目标层。综合衡量企业社会责任表现的度量。

②准则层。将度量目标分解为责任治理、经济发展、人权、劳动实践、公平运营、消费者问题、社区、环境八个目标特征的准则。

③指标层。依据准则层的判断标准,从各自不同的表征指标对每一准则进行数量、强度和状态描述,反映企业在社会责任各个方面的表现。

④方案层。这一层次指标主要表征上述指标的具体方案。

图 1-7 是一个企业社会责任绩效评价指标体系的典型结构。

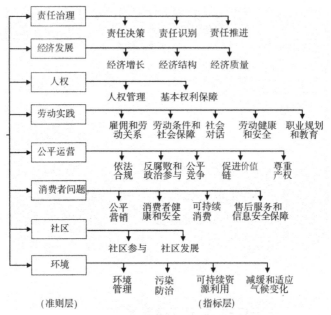

图 1-7　企业社会责任的评估指标体系

(二)指标体系的具体内容

上述评价指标体系是以社会期望为核心而展开的 8 个一级指标,向下继续分解为 28 个二级指标。之后再将二级指标分解为 72 个三级指标,分别从原则、过程和结果等方面对企业社会责任绩效进行了分析。如表 1-3 所示。

表 1-3　评估指标体系

一级指标	二级指标	三级指标
责任 治理	(1)责任决策	
	(2)责任识别	①利益相关者权益和影响；②社会期望和影响；③风险控制
	(3)责任推进	①利益相关者双向沟通；②管理体系；③报告和评价
经济发展	(1)经济增长	①经济增长速度——收入增长率；②经济增加值——人均营业收入；③投入产出比——总资产周转率
	(2)经济结构	①技术结构；②投入要素结构；③产品市场结构；④行业价值链结构
	(3)经济质量	①"生产"质量——利税率；②资产质量——总资产报酬率；③分配质量——现金分红比率
人权	(1)人权管理	①人权管理(组织和制度)；②实施和尽职调查；③人权保护机制
	(2)基本权利保障	①生存权和发展权；②公民权和政治权；③经济、社会、文化权
劳动 实践	(1)雇佣和劳动关系	①安全雇佣；②供应链劳动关系调查
	(2)劳动条件和社会保障	①工作时间、节假日；②健康工作条件和工资；③福利；④社会保障；⑤区域平等
	(3)社会对话	尊重工会等劳工组织的权利
	(4)劳动健康和安全	①劳动健康和安全风险识别；②劳动健康和安全管理
	(5)职业规划和教育	①员工职业发展规划
环境	(1)环境管理	①环境保护管理；②环境风险管理；③环保公益投资
	(2)污染防治	①大气排放；②污水排放；③固液废弃物排放
	(3)可持续资源利用	①能源效率；②节水效率；③材料效率
	(4)减缓和适应气候变化	①气候变化管理；②直接排放量；③间接排放量

续表

一级指标	二级指标	三级指标
公平运营	(1)依法合规	外部风险控制和评估
	(2)反腐败和政治参与	①内部监控系统;②承诺和教育
	(3)公平竞争	①诚实守信;②规避垄断和反竞争;③避免价格联盟和倾销
	(4)促进价值链	①责任采购;②价值链责任调查
	(5)尊重产权	①透明、公正、促进尊重产权;②透明、诚信、促进尊重产权
消费者问题	(1)公平营销	①客观真实的信息;②标准化的性能;③公平交易行为
	(2)消费者健康和安全	①提供安全的产品和服务;②潜在的风险控制
	(3)可持续消费	①可持续产品和服务设计;②生态标签计划
	(4)售后服务和信息安全保障	①售后服务管理;②服务质量尽职调查;③消费者信息安全管理
社区	(1)社区参与	①成为社区企业公民;②促进社区教育和文化;③创造就业和技能开发;④促进科技开发和利用
	(2)社区发展	①促进健康事业;②促进慈善事业;③支持社会投资

(三)适应于不同企业的指标调整

不同的行业受资源、环境以及社会条件的约束,其经营决策和业务活动对经济、社会和环境的影响也不相同。不同的行业所利用和代表的利益相关者的利益也不相同。经营决策和业务活动对于社会问题和利益相关者的影响也不相同。

从社会主题识别的分析可以看出,企业面临的社会责任主题是共同的,即在经济、社会和环境的共同作用下维护人类社会的可持续发展。无论什么行业,都会面临着有关责任治理、经济发展、人权、劳动实践、公平运营、消费者问题、社区、环境八个方面的社会期望。而所不同的是,每一个企业针对这方面的问题应该采取的行动和结果表现不同。因此,针对不同的行业,其社会责任评估应在三级指标上进行调整。

表 1-4 是以银行业为例进行的三级指标调整。

表 1-4　银行业绩效评价指标体系调整策略(以环境主题为例)

相关指标	指标方案	指标原则	社会期望、相关者利益和影响特征	不适用的指标方案	方案调整策略(过程和结果)
环境管理	环境保护管理	建立制度	内部性		关注客户环保管理
	环境风险管理	评估风险	外部性		评估客户环境风险
	环保公益投资	价值创造	直接影响		支持环保公益投资
污染防治	大气排放	至少小于行业基本标准	间接性	不适用	删除
	污水排放			不适用	删除
	固液废物排放			不适用	删除
可持续资源利用	能源效率	至少大于行业基本标准	次要性		倡导系统内节能
	节水效率				倡导系统内节水
	材料效率				倡导系统内节材
减缓和适应气候变化	气候变化管理	识别、测量、改进、报告	外部性和间接性		内部管理制度
	直接排放量			不适用	删除
	间接排放量	至少小于行业基本标准			节能降耗减排

第二章　公司社会责任的历史
发展及法学分析

公司企业责任的起源可以追溯到上几个世纪,但对目前企业影响较大的是现代公司社会责任。从 20 世纪 50 年代至今,公司社会责任经历了很长的发展历程,伴随着不断的发展和完善。在公司社会责任发展的同时,相关法律也随之建立和完善。目前企业和社会公众对公司社会责任的关注越来越多,很多企业也注意到了公司社会责任的重要性,开始进行企业社会责任实践。

第一节　公司社会责任的历史发展

公司社会责任的诞生可以追溯到很远的过去,而企业对社会影响讨论的最多的时期是在 20 世纪 50 年代以后。从那时起,直至今日,对于企业社会责任的讨论就不曾停止,并且直到现在也没有对这个领域有一个十分清晰的定义。关于企业社会责任的发展下面会分为五个阶段进行分析。

一、现代企业社会责任的起源和发展(1950—1970)

关于现代企业社会责任的起源,一般认为是在 20 世纪 50 年代形成的。在 1953 年,Howard Bowen 出版的《商人的社会责任》中提到了一个商人应该履行的义务这一概念。

20 世纪 60 年代对企业社会责任进一步定义。1960 年 Davis

强调商人在进行决策时,应该考虑到经济或技术利益以外的部分。1963 年 McGuire 提出,企业社会责任不仅包括经济和法律部分,同时应该对这些义务以外的部分履行相应责任。这是一种对企业社会责任认知的突破。同时他还将企业管理的主体从个人转向整个企业组织。1967 年 Walton 出版了《企业社会责任》,其中提到了企业自愿履行社会责任的定义。

20 世纪 60 年代对企业社会责任的关注点有所变化,将目光从企业所有者转向企业组织,更加注意企业的形象和影响,将企业的整体利益提高到较高的地位。

20 世纪 60 年代到 20 世纪 70 年代之间,人们普遍认为企业应该承担相应的社会责任和义务,同时应该注意企业的社会影响。这个阶段,企业社会责任的道德层面已经有所体现。

二、企业社会责任的定义具体化(1970—1980)

在 20 世纪 70 年代,许多关于企业社会责任的定义相继出现,这其中有接近现在企业社会责任的定义,也有一些反面的定义。

1971 年 Harold Johnson 对企业社会责任表明了一个观点,他认为企业在经营过程中追求的应该不仅仅是自身的利润最大化,同时还应该考虑到其他群体的利益,比如企业员工的利益。他认为企业经营必须考虑任何利益相关方,这为今后的利益相关方理论的发展奠定了基础。

在这个阶段,经济发展委员会发表了商业企业的社会责任定义,其认为企业社会责仼决定企业行为必须被公众所承认。

经济发展委员会认为,企业有三个责任圈,即内部责任圈、中部责任圈和外部责任圈。

第一,内部责任圈,这个责任圈主要是针对企业在社会内部的责任范围,指企业的经济功能。企业一方面是雇主,另一方面是生产者。

第二,中部责任圈,是指企业改变社会价值的意识能达到企业目标的领域,其中包括就业安全和环境保护等。

第三,外部责任圈,这是指企业对整个社会环境的价值,包括对贫穷地区、附近社区的价值。

20世纪70年代有两名重要的学者Eilbert和Parket,他们对企业社会责任的实践进行了研究,他们主要研究的是社会责任在实践中的表现。他们在首次研究中发现了受到企业社会责任影响的组织变量,开发出企业具体落实为企业社会责任活动的一个方案。同时,企业社会绩效的概念也在这个时期被提出。企业社会绩效法是将企业的责任进行量化,以便进行评价和对比,这种量化需要依据一些规定的准则。

20世纪70年代,对企业社会责任的研究转化为对其进行衡量、对其益处进行判断。

虽然对企业社会责任持反对意见的人很多,甚至当初持这一观点的人相较于赞成的人更多,但20世纪70年代支持企业社会责任的专家越来越多,他们认为企业在经营过程中,有义务为社会进步做出贡献。

在随后的几年,人们对企业社会责任的讨论进一步加深,对其按照类型和绩效进行了不同的定义。

Prakash Sethi将企业社会责任扩展到企业社会责任绩效。为了方便对企业社会责任进行量化,它将其分为三个级别,即社会义务、社会责任、社会回应。第一级为社会义务,它是指企业在市场中作为市场的经济力量和遵守法律的行为方式;第二级是社会责任,它是指在履行社会义务的基础上,对社会期望、价值和准则进行回应,将这些责任与自身绩效相结合进行经营;第三级是社会回应,这是指企业应该对自己的行为会产生的影响进行预测,避免或降低企业可能会对外部环境造成的不良影响,使企业以符合社会期望的形式开展经营活动。因为当时时代背景的原因,按照Prakash Sethi的观点,要求企业社会责任绩效要按照不同时间点进行确定。

1979 年 Archie Carroll 对企业社会责任的定义进行了进一步研究,他认为企业社会责任应该是从经济、法律、道德和自我考量四个方面进行综合考量。在这之前,人们一直认为企业社会责任与经济发展是相对立的,但他却提出了企业社会责任的经济意义,将经济与法律结合进行讨论,他认为企业应该遵守法律规定和道德标准,社会也需要企业为其创造更多的经济利润。他认为,企业经济的可靠性对一个社会的稳定具有重要的作用。

同时,Archie Carroll 还发表了企业社会责任绩效三维模型的论文。文中提出,企业社会责任可以反映其对于社会压力的抗压能力。他认为人们不应该只讨论企业社会责任,而是应该通过企业社会责任绩效的三维模型进行进一步讨论。这三个维度是指企业社会责任、社会议题和回应方式,其中回应方式就是指企业面对社会压力做出反应的过程。他将企业的社会行为分为四种类型,即反应性、防御性、适应性和主动性。这个划分标准有两个极端状态:第一种为被动状态,是指一家企业基本没有企业社会责任实践,处于一种被动的企业状态;第二种为主动状态,是指一家企业积极主动地进行企业社会责任实践,处于一种主动的企业状态。

三、企业社会责任战略化(1980—1990)

在十年间,人们对企业社会责任的定义以及企业社会责任战略的制定更为严格。同时,可持续发展也成了影响企业社会责任的一个十分重要的因素。

Freeman 对于企业利益相关方进行了研究,提出满足利益相关方的要求是一个增值过程中唯一的元素。利益相关方方法与股东方法相对,这种方法要求企业要对除了股东外的其他利益相关方履行义务、承担责任,利益相关方包括企业职员、客户、供货商、政府等。企业要对利益相关方履行义务是因为利益相关者也通过不同形式对企业进行了投资,例如职员投入了时间和精力、社区提供了基础设施等。这种方式使企业社会责任人性化,根据利益相关者可以对相应的企业社会责任进行追踪和观察。

20世纪80年代对企业社会责任定义改善的关注点转向寻求替代的方案和主题。Frederick认为企业社会责任是其对社会压力回应的能力,因此可以将之称为企业社会回应。根据这种解释,企业社会责任不只是指规范上要求的社会义务,同时还需要考虑周围利益相关方。这种定义与当时注重的利益相关方方法很契合,适合当时的企业进行企业的经营管理。

同时,有学者将利益相关方理论和管理进行关联研究,进一步得出新的结论。将企业社会责任绩效与利益相关方理论进行联系研究,得到了两个企业社会责任的原则。第一,企业活动应该保证与社会发展保持一致;第二,企业应该保证其社会活动是遵守道德的。

以上研究可以看出,企业在开展经营活动时,应该保证自身具有监控和反复检查的能力和措施。这些措施的目的是发现并研究社会的急需和关切。

20世纪80年代,很多学者关注负责企业与盈利企业之间的关系。1985年,Aupperle、Carroll和Hatfield对企业的企业社会责任与盈利之间的关系进行了研究,这为后来的企业社会责任运动提供了基础支持。

1987年Epstein提出企业社会政策过程模型,这个模型可以简化社会主题的处理,并可以作为企业内部日常流程的工具。Epstein认为,社会责任、商业道德和社会回应相互之间具有很强的联系,但这种联系是处于变化之中的,因为这三个领域在不同的时期具有不同价值,也就导致这种联系也是动态的。

20世纪80年代,企业公民的概念也被提出,但这一讨论主要是在英国和美国进行的,因为当时的经济发展状况造成了当时的局面。在美国和英国开始讨论企业作为企业公民所持有的权力,以及应该履行的义务,这一概念逐渐开始运用到企业管理中。

四、企业社会责任方案化(1990—2000)

1991 年 Donna Wood 将之前企业社会责任绩效方法进行整理,将其与新型管理工具建立联系,建立了新的企业社会责任模型,划分为一个运作层面、一个独立层面和一个制度化层面。

Donna Wood 通过新的模型进行分析,对企业在机构、组织和管理上的责任范围进行了说明,并对企业社会责任绩效框架进行制定。他将这些社会行动划分为社会影响、社会项目和框架计划。

同年,Archie Carroll 发布了企业社会责任金字塔模型,进一步明确了企业社会责任。通过企业社会责任金字塔,可以帮助企业更好地应对企业利益相关方的利益。通过这个模型,在对企业的企业社会责任进行分析研究时,更为直观和等级分明,并且虽然每个模块是相对独立的,但可以以整体角度去考虑企业社会责任。企业社会责任金字塔如下图 2-1 所示。

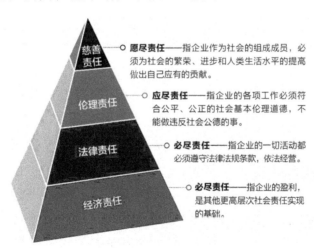

图 2-1　企业社会责任金字塔

Carroll 的企业社会责任金字塔是由四个层面组成的。

第一层面是经济责任,这是金字塔的底座,是所有企业进行其他活动的基础。经济责任是指企业的盈利责任,这保证企业可以为社会提供产品、服务和就业机会。

第二层面是法律责任。这是要求企业在运行中要遵守相关法律法规，履行其法律责任，要求企业要在规定的法律框架下顺利运行，不可以有违法乱纪行为。

第三层面是伦理责任。这是指企业在道德层面上必须履行的义务与承担的责任，要求企业的各项行为都要建立在社会道德标准上，秉承公平公正的原则运行。企业的道德责任与法律责任有比较紧密的联系，往往是相互影响的。

第四层面是慈善责任。这个层面是指企业应该成为优秀的企业公民，这是对优秀企业的要求。作为优秀的企业公民，企业应该自觉自愿地对社会负责，在除了经济、法律、道德层面外的部分主动承担责任，为社会进步贡献自己的力量。

这个模型在社会企业责任领域有很重要的作用，但是对于模型中的四个层面之间的关系没有进行明确，所以对于这一点就会产生不同的理解。有人将这四个层面的关系理解为包容性的，但也有一些人将其理解为层次是自上而下的，还有人将金字塔顶端的慈善责任作为企业最重要的责任，同时也有人认为经济责任是基础责任，其他三类责任是相对于企业以外的利益者而说的，除了以上这些理解之外还有很多种理解方法。

在 20 世纪 90 年代，与企业社会责任同时发展的还有企业公民的概念。这一概念主要是在美国的经济背景下发展起来的，因为它并没有明确的定义，所以在很多文献中会被直接当作是企业社会责任的同义词。但实际上，企业公民是面向企业外部的方案，作为企业公民，企业会对外部做出自己的贡献。随后，企业公民这一概念传入欧洲，这引起了相关学者对公民、国家和企业的讨论，对于企业作为企业公民将资源和能力投入社会的行为进行研究。

关于这个方面在第五章还会有更为详细的论述。

在这个阶段，也有很多学者对企业社会责任绩效与企业财务绩效之间的关系进行研究和分析，同时也有一些关于企业社会责任的模型、方案等产生,但在根本上都是有所重叠的。在这个阶段,这些定义和模型还都处于理论阶段,没有在实践中实施。但按照这个阶段的发展趋势可以看出,企业社会责任会向实践发展,并且在实践的基础上会进一步发展。

五、企业社会责任全球化(2000—2010)

在这个时期,出现了一些在全球范围内有广泛影响的企业社会责任事件,例如美国安然公司倒闭,这使人们对企业社会责任更加关注,并且人们的关注开始向全球化转变,人们开始强调跨国企业在改善全球社会和环境条件中的作用。

在这个阶段,对于企业是否应用社会责任措施或一个企业履行社会责任的动因等问题已经基本得到答案,对于企业社会责任的讨论主要集中在如何将其融入企业的日常运行中。

因为不同的发展阶段和社会背景,会出现内容重叠的定义和方案,在2000年后美国和欧洲很多国家出现了许多不同的定义,把企业社会责任作为一个总的概念。其中包括2000年世界可持续发展工商理事会,以及2001年欧盟对企业社会责任的定义。

欧盟对企业社会责任的定义包括以下几个重要的要素。

第一,企业社会责任包括三个方面,即社会、经济以及环境。

第二,企业社会责任可以帮助企业实现可持续发展。

第三,企业社会责任的内容包含遵守相关法律法规。

第四,企业社会责任关注企业合规之外的价值参与。

第五,企业社会责任不能代替法规,它既不能取代现行法规也不能代替开发新的法规。

欧盟对企业社会责任的定义得到了业界的广泛认可。

在2002年纽约世界经济论坛上全球最大的34个企业的总裁签署的全球企业公民联合声明,可以认为是企业公民概念发展的里程碑。

2003年Macro Werre对企业社会责任战略进行研究,认为企业社会责任与一个变化过程有关,并将这一过程分为三个阶段。第一阶段,企业应该对其直接环境进行判断并有明确的认识,同时可以对这个环境进行敏锐的反应;第二阶段,企业应该具有明确的企业价值观;第三阶段,将企业价值观作为依据,明确自身应该承担的企业社会责任,并积极进行企业社会责任实践。

Macro Werre 认为,以上三个阶段都是以以下四个过程的形式出现的。第一个过程是引起领导者稳定注意和兴趣;第二个过程是确定企业的企业愿景,将企业愿景、企业社会责任与企业原则进行有机结合;第三个过程是改变企业行为以适应新的企业原则;第四个过程是将企业社会责任融入企业的日常运作中,只有保证切实地将这些变化落实到实践中,才能保证整个过程的可持续性。

2005 年 Meffert 和 Muestermann 对企业社会责任进行定义,认为它是将企业价值和目标作为基础,将企业在社会中应该承担的社会责任进行具体化,从而形成的一个集成型的方案。企业社会责任是在遵守法律的前提下自愿承担社会责任,并包括一个企业社会、生态和经济的全部贡献。

在 2010 年,国际标准化组织 ISO 发布了社会责任国际标准指南 ISO26000,这是基于全球利益相关共识制定的全新标准。对于企业社会责任大发展来说,这是一个十分关键的节点。

随着经济全球化,企业也向全球化发展,企业社会责任的发展也受到了全球化的影响而发生了变化。在今后的企业社会责任发展中,全球化会越来越受到重视。

第二节　公司社会责任与社会伦理

公司社会责任也是一种企业道德的体现,所以公司社会责任与社会伦理也有一定联系,公司社会责任在一定程度上是在社会伦理基础上建立起来的。这节对儒家基本经营伦理思想和西方经营伦理思想进行介绍和分析。

一、儒家基本经营伦理思想

(一)"修身"是经营根本

《大学》中提到,"自天子以至于庶人,壹是皆以修身为本"。这就是说不论是一朝天子,还是普通百姓,修身都是最为根本的。修身就是指修养品性。这一概念放到现在也是适用的,就是告诉人们不论是什么身份都应该注意自己的道德品质,因为这是为人的根本,在经营从商中也是这样,只有先保证自身品质的高尚,才能保证个人成就事业。

关于修身与事业之间的关系可以通过下图 2-2 解释。

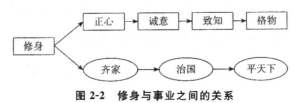

图 2-2　修身与事业之间的关系

可以看出修身是一个循序渐进的过程,而成就事业的根本在于修身,如果一个人的道德品行不好,那么他终究不能成就自己的事业。

(二)"诚信"在事业中的重要性

诚信是指诚实不欺,这要求人们要实事求是,对自己和别人都要做到实事求是,这是儒商思想中十分重要的一点,是儒商思想中对从商者的基本要求。关于诚信,儒家思想中有许多观点和论述。

第一,做人要讲信用。论语中提到"言必信,行必果"就是这一思想的代表。这是指做人要讲究诚信,说出口的事情就要做到,强调人们要讲究信用。

第二,管理要讲信用。"道千乘之国,敬事而信",这句话的意思是在治理国家时,必须做到恭敬严谨,讲究信用,不可以欺骗百姓。所以,治国如此,从商更是如此。

第三,不讲诚信的危害。"人而无信,不知其可也。大车无輗,小车无軏,其何以行之哉?"这是指人如果不讲诚信,那就什么都做不成了。将人的诚信与马车的必须部件相比较,突出诚信的必要性,说明不讲信用不可能有所建树。

第四,诚信是教育的主要内容。子以四教:文、行、忠、信。这表明了孔子对"信"的重视,也阐明诚信是进行教育的关键。

第五,保证诚信才能得到别人的信任。"信则人任焉。"就是这一思想的说明。

第六,对于别人是否诚信的正确态度。《论语·宪问》中提到,"不逆诈,不亿不信,抑亦先觉者,是贤乎!"这是说不要事先揣测别人会对自己不诚信,不要毫无根据地对别人产生怀疑,但若对方对自己不诚信却能立即察觉,这就是贤能之人的表现了。所以可以看出,儒家思想提倡不随意揣测别人的不诚信。

(三)儒家的义利思想

"义利之争"是中国传统伦理中一个永恒的话题,即使在今天这也是对企业管理者做出决策的一个影响因素。与现在的市场经济形势最吻合的是荀子的义利观。

荀子认为,"先义而后利者荣,先利而后义者辱。荣者常通,辱者常穷。"义与利应该是共存的,判断一个人是荣是辱,应该看其将义与利放在什么位置,对于义与利应该分清它们的重量,应该做到先义后利,义重于利,按照这样的思想去做事就能保证其道德端正,保证社会可以稳定发展。

(四)举贤任能,重视人才

儒家思想一直重视人才,认为人才是推动社会进步的重要环节。孔子说,"其人存,则其政举;其人亡,则其政息",这就说明人的能力在推动事件前进中的重要性,只有合适的人才才能使政策发挥最大的作用。荀子也提出过相同的观点,他也认为人才在社会发展中的重要性。推动国家进步是这样,促进经营发展更是这样。

对于人才如何评定,孔子有自己的标准,他认为,"志于道,据于德,依于仁,游于艺"的人才是人才,如下图2-3所示。

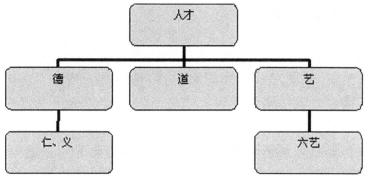

图2-3　人才的标准

由此可以看出,儒家对人才的标准有德、道、艺三个方面,有任何一方面能力的缺失都不能称之为人才。有德、有艺的同时,还要符合道的要求,这种人才评判标准体现了儒家思想的进取精神。可见,儒家的人才标准的几个方面,即道、德、艺。三者的关系为有德、有艺的人,同时符合"道"的事业才能称得上"人才"。这种人才标准正体现了儒家的积极进取精神。

(五)人本管理原则

儒家的人本管理原则关注的是"爱人",这是指管理者要关爱被管理者。儒家思想提倡通过仁爱来建立管理者与被管理者之间的关系,因为他们认为这种方式才可以缓解二者之间的矛盾,他们认为通过建立管理内部团结友爱的关系有利于产生强大的团体力量。

如儒家思想一直强调"以人为本",这在管理中就体现为尊重、关爱被管理者,要站在被管理者的角度思考问题并给出解决方案,尽量满足被管理者的愿望与预期。儒家思想认为,通过这种方式进行管理要比强硬手段有效,也可以帮助集体建立更具凝聚力、约束力、活力的关系。

尤其在当代社会,职员在公司中的时间逐渐被拉长,所以企业对员工的管理方式、态度很重要,现代企业应该借鉴传统儒家思想的人本管理原则进行仁爱管理,建立更好的员工与企业的关系,从而加强企业凝聚力。

(六)社会责任感

儒家思想一直强调要有社会责任感,人不仅要对自己负责、对家人负责,还要对社会和国家负责,这些是人应该具备的基本责任。儒家一直强调要成为有志之士,应该"以天下为己任",这就体现了儒家思想推崇人们要有社会责任感,要对社会和国家负责;同时,儒家思想还强调"修己济世""兼善天下""弘毅力行"的君子人格,这都体现了这种思想要求人们要建立高尚人格,要努力为社会做贡献,这才能体现一个人的真正价值。

二、西方经营伦理思想

(一)"以物为本"向"以人为本"发展

1. 彻底的"以物为本"

在 19 世纪以前,西方经营场所是完全通过管理者的经验进行管理的,管理者拥有最高权力和地位,被雇佣者只是提供劳动力这一生产资料的个体,只是管理者实现目标的工具。这个阶段是彻底的"以物为本"的管理阶段。

2."以物为本"向"以人为本"的发展倾向

(1)古典管理时期

经过一段时间的积累,经营场所从"手工工场"逐渐转化为大型工厂,管理者会安装先进的生产设备,并雇用大量工人从事生产。这个阶段,因为员工人数激增,组织规模扩大,如何更好地管理企业和员工成了一个重要课题。这个时期,管理者开始将重心转移到工人身上，想要通过提高员工效率而提高整体生产效率，这个阶段是人本管理思想的萌芽阶段。

（2）行为科学时期

这个阶段，行为科学学派对个人行为可以产生的影响进行了研究，主要研究个人行为差异、工作团队对个人的影响，个人行为对团队的影响，在这种研究中，强调的是在进行管理时人性的重要性。与之前的古典管理相比，这个阶段的员工地位有所提升，但员工还是管理者实现目标的工具，并不是已经达到"以人为本"阶段。

（3）现代管理理论

现代管理理论是古典管理理论与行为科学的综合，是时代要求下产生的管理理论。这个理论使管理理论更加全面，但是在"以人为本"方面没有实质上的进步，员工依旧是管理者实现生产目标的工具和手段，只不过将社会技能作为新的手段而已。在这个阶段，员工的地位仍旧没有达到应有的位置，没有本质改变。

3."以人为本"思想真正确立

在后现代管理时期，"以人为本"的管理思想才真正确立，这个时期，管理者将"人是目的"这一思想融入组织管理中，以此确定了员工的真正地位。西方经营理论中，"以人为本"的概念不只是把个人作为实现目标的手段和工具，而是更要关注个人是创造价值的来源。

（二）"个人卓越"向"整体和谐"融合

1.追求个体卓越阶段

管理论刚开始关注的是提高工人工作效率的方法，研究目标是生产过程，也就是对员工劳动的管理。在这个阶段，相关学者都是研究企业内部的管理，研究企业内部各要素之间的关系。这些研究局限于组织内部，并没有延伸至外部环境，这种管理的目标实质上是实现利润最大化，追求企业个体卓越。

2. 寻求个体利润与社会因素平衡阶段

企业的生存和发展离不开社会环境,社会环境对企业肯定是有一定影响的。在第二次世界大战以后,以美国巴纳德为首的社会系统学派提出,企业与其他社会组织一样是一个协作系统,包括协作的意愿、共同的目标、信息的联系三个因素。行为科学学派在此基础上进行了进一步研究,研究了社会因素对企业利润的影响。通过行为科学的理论,企业逐渐开始关注利润与社会因素之间的平衡。

3. 追求整体和谐阶段

随着社会发展,人们的生活质量稳步提升,人们的需求开始变得多样化,为了满足人们这样的要求,企业不得不在管理方面进行改变,逐渐将管理目标转向整体和谐发展。到了 20 世纪 90年代,可持续发展理论和绿色管理方法等新的管理目标,体现了企业在追求和谐发展的趋势。

(三)"刚性管理"向"柔性管理"过渡

20 世纪 80 年代以后,后现代管理思潮对现代管理理论提出了异议,它们否定了一系列的刚性管理理论,它们认为单一、固定的逻辑和公式不能正确、完整地对现实的管理进行分析和研究。

随着后现代管理思潮的冲击,人们对以往的刚性管理理论和方法产生了质疑,管理开始向柔性管理发展。后现代管理理论认为,企业是有道德约束的组织机构,并且组织是需要精神力量支持的。企业再造理论也是提倡这一点,提出企业应该进行科学合理的再造工程,将对企业没有支持作用的企业结构去除。

(四)"单纯追求利润"向"兼顾利益相关者"转变

1. 利润最大化

(1)古典管理时期

这个时期企业管理追求的是利润最大化,认为管理的目的是实现管理者和员工最大程度的富裕。劳资两利被当作衡量一切管理的价值标准。

（2）行为科学理论

这个阶段的行为科学理论强调的仍旧是提高劳动生产率，但是将侧重点放在对人们的需求满足上。

（3）管理理论丛林

更多地将现代科学技术融入企业管理中，加强了企业管理理论的科学性，同时将管理重点转移到决策环节。这个时期有更多观点被提出，但是追求的核心依旧是利润最大化。

2.兼顾利益相关者

利益相关者理论的出现，对之前的管理理论带来了巨大影响，因为这个理论在本质上出现了改变，对于企业管理的目的有所变化。以往对企业的管理目标关注的往往是企业自身的利益，但利益相关者理论将这一目标扩展到企业以外的相关者，是一种更为全面科学的管理思考模式。

利益相关者是指对企业进行了不同投资的个体或组织，可能是进行投资，可能是承担风险，也可能是付出代价。所以企业在经营管理时必须对利益相关者的利益进行考虑。但这种理论在刚出现时遭到了大范围的反对，认为这是有损企业利益的一种管理理论。

20世纪80年代以后，有很多企业意识到了企业社会责任的重要性，开始积极主动地进行企业社会责任实践，在管理时关注相关利益者利益，成为优秀的企业公民。例如，美国新泽西州的制药企业默克公司就开展了免费发放药品的活动。

从此，越来越多的企业开始关注利益相关者，从单纯追求企业自身利益，转变为兼顾利益相关者利益，企业社会责任的范围也逐渐扩展。

西方经营伦理思想的发展可以通过表2-1进行总结。

表 2-1 西方经营伦理思想的发展

项目	倾向	发展轨迹
管理本质	"以物为本"向"以人为本"发展	经验管理→古典管理理论→行为科学学派→现代管理理论→后现代管理理论→……
管理目标	"个体卓越"向"整体和谐"过渡	古典管理理论及以前的理论注重企业内部要素→社会系统学派→企业重造、可持续发展、绿色管理→追求和谐发展
管理控制	"刚性管理"向"柔性管理"融合	古典管理理论强调管理的科学性→行为科学理论的人本主义倾向→丛林时期管理理论的刚性为主、柔性为辅→后现代管理思潮对理性的否定→理性与非理性的融合
管理伦理价值	"单纯追求利润"向"兼顾利益相关者"转变	追求利润最大化特点→利益相关者管理理论的提出→企业社会责任得到广泛的重视→管理伦理学的兴起

第三节 公司社会责任司法适用法理分析

公司社会责任的发展需要相关的法律法规支持。通过约束性的法律文件对企业进行一定约束可以帮助公司社会责任更好地推进和落实。在不同国家,根据国家背景不同,关于企业社会责任会有不同的法律规定。同时,也有一些国际惯用的公司社会责任法律和准则,这些文件可以对全球企业进行行为约束,促进公司社会责任的发展。

一、公司社会责任的国内法规则

(一)英国政府的企业社会责任工作计划

为了推进企业社会责任战略实施,英国政府在全国范围内定义了体面劳动最低水平等基本问题,并积极促进经济、社会和环境收益,督促各个部门和个体之间进行合作开展活动,鼓励企业提高企业社会责任意识并积极履行企业社会责任。

英国政府积极地推进企业社会责任相关政策的落实,对公众履行企业社会责任起到指导作用,并提高公众对企业社会责任的认识,对企业社会责任实践活动进行调查,同时鼓励企业对外发布企业社会责任报告,英国政府还在积极建设企业社会责任标签框架。2000 年 3 月,英国政府任命"企业社会责任大臣";2000 年 7 月,英国政府设立了企业社会责任院校,并以此为基础开设了企业社会责任网站;2001 年,发布《环境报告新指导条例》,条例中规定,突出业绩企业需要对其温室气体排放和废物、废水的处理情况进行报告;同年通过《企业运作与财务审查法案》,要求企业提供社会责任报告;同年 3 月,发布《企业社会责任政府报告》,报告中对政府企业社会责任工作进行计划,其中企业履行社会责任推动目标、企业社会责任在商业中的适用范围等。

除了英国政府外,还有很多非政府组织对企业社会责任表达意见,对企业的企业社会责任履行情况进行监督,这些非政府组织可以帮助企业社会责任落实工作更好地推进。非政府组织包括英国工商联、富思公司、国际商业领袖论坛等。

(二)发展中国家关于企业社会责任问题的法律和政策

随着经济全球化和跨国企业的发展,发展中国家对企业社会责任也加大了重视,开始注意到企业社会责任问题的重要性。但是,大部分发展中国家经济发展水平较低,与西方发达国家相比不可能采取一样的企业社会责任战略,面对全球化的企业社会责任要求,发展中国家承受的压力比较大。但发展中国家也在这方面做出了自己的努力,通过立法和一些政策措施推进企业社会责任的落实。一方面,通过各种措施激发企业活力,以此激发本国经济发展、扩大就业;另一方面,规范企业行为,鼓励企业履行其企业社会责任。

　　一般情况下,发展中国家为了保护劳动者的合理权益都会制定《劳动法》及其配套的法律法规。发展中国家制定的《劳动法》,在结构和内容上有很多共同之处。

　　一般"总则"中会进行相关概念的定义和适用范围解释说明,在"分则"中一般会包括以下内容:雇佣合同;工资保障;工时与休假;儿童与妇女的雇用;生产安全与卫生;社会保险与福利待遇;工会组织;强迫劳动规定;劳动争议及其解决方法;奖励与惩罚;劳动监察等。

　　由于国家的经济发展水平问题所限,目前大部分发展中国家的首要发展目标都是经济,而这也影响到了这些国家的企业社会责任履行。随着全球发展趋势,加之国际市场竞争和发达国家的压力,发展中国家也不得不开始重视企业社会责任,对于企业社会责任中的社会和环境部分的重视逐渐加强,同时也有一部分体现在了相关法律法规中。例如,《公司法》中规定,企业在进行经营活动时,必须遵守法律法规、社会公德、商业道德,并接受政府和社会公众的监督,企业要承担其社会责任,其中企业社会责任包括员工、消费者、自然环境等方面的不同的责任。

　　政府对企业社会责任的规定越来越多,社会公众对企业履行企业社会责任的要求也越来越高,在这些压力下,企业对于企业社会责任方面的问题也愈加重视。一些先进企业已经具有企业社会责任理念,并采取了相关行动;一些企业逐渐开始介入社会和环境领域的项目,加大在社会和环境方面的责任履行;一些企业设计并发布企业社会责任年度报告。可以看到,目前发展中国家企业也开始在各个领域进行企业社会责任实践,这可以进一步推进企业社会责任落实。尤其是关于企业社会责任报告,发展中国家在报告质量方面并不落后于西方发达国家。

二、公司社会责任问题的国际法规则

(一)《全球苏利文原则》

1977 年,《全球苏利文原则》发布并开始推行,该原则呼吁企业在经营活动中要遵守法律法规,承担相应的社会责任,并将企业的规划目标整合到企业的经营策略中。除此以外,《全球苏利文原则》还提出了一系列原则要求企业遵守,以此促进人际关系和谐,提高文化水平,维护世界和平。

第一,维护全球人权(特别是员工)、社区、团体、商业伙伴。

第二,不论肤色、种族、性别、年龄、族群及宗教信仰,所有员工均享有平等机会。

第三,禁止使用童工、体罚、凌虐女性、强迫劳动等形式的虐待。

第四,尊重员工按照自己的意愿建立或加入组织。

第五,除基本需求外,帮助员工提高技术和能力,帮助员工提高其社会和经济地位。

第六,保证劳动场所的健康与安全,保障员工身体健康,保护环境,提倡可持续发展。

第七,提倡公平交易,尊重知识产权,杜绝行贿受贿。

第八,积极参与政府及社区活动,通过各项社会活动帮助社区提高生活质量,为社会不幸人士提供培训及工作机会。

第九,将以上原则融入企业的日常运营中,保证企业信息透明化,向企业外部提供企业信息。

《全球苏利文原则》是由非政府组织制定的最早的企业社会责任标准,是在持续发展方面有共同理念的企业共同签署的一项框架协议。签署此协议的企业表示自愿遵从协议内容,在其开展经营活动时应自觉承担协议中涉及的企业社会责任。

(二)企业社会责任国际 SA8000

1997 年,Social Accountability 8000(SA8000)发布并开始推行,它的出现在工商界引起了巨大反响,直至今日,SA8000 仍是国际领域内一项十分重要的企业社会责任的国际标准。

1.关于童工

标准中规定,企业不应该或支持雇用童工的行为,童工是指 15 岁以下的人。若当地法定最低工作年龄高于 15 岁,则按较高年龄为准;若当地法定最低工作年龄为 14 岁,并符合国际劳工组织第 138 号公约有关发展中国家的例外规定,则以较低年龄为准。若发现有童工参与工作,企业应该建立、记录、保留国际劳工组织第 146 号建议书所涉及的旨在推广针对儿童及符合当地义务教育法律法规的年龄规定或正在就学中的青少年教育的政策和措施,并将其向员工及利益相关方有效传达。同时,企业要为这些儿童提供帮助和支持,帮助他们接受教育直至达到最低法定工作年龄。还有一些措施和政策,是为了防止在上课时间使用儿童或青少年工人。对于这些儿童或青少年工人的工作学习时间也有要求,交通、上课和工作的时间总和不可以超过 10 小时。还规定,无论何时何地,都不能使这些儿童或青少年工人处于不安全、不健康的环境中。

2.关于强迫劳动

公司不可以强迫员工进行劳动,也不可以支持使用强迫性劳动。公司无权向员工收取押金,无权要求员工寄存身份证件。

3.关于职业健康与安全

公司应该充分了解行业的普遍危险,并根据情况为员工提供安全、健康的工作场所,有特殊情况需要采取相应措施,避免或是尽量减少员工在工作中可能受到的伤害。公司应该明确负责员工健康与安全的高层管理人员,该岗位应该负责推行和落实本标准下有关健康与安全的各项规定。公司应该为全体员工提供健康与安全培训,并将培训内容和结果进行记录。公司应该建立全面、科学的健康与安全机制,做到经常检测、合理防范、及时应对,为员工提供干净的卫生间等卫生设施。若公司为员工提供集体宿舍,必须保证宿舍环境和设施的安全,并能满足员工的基本生活需求。

4.关于结社自由和集体谈判权

公司应尊重所有员工自由建立和参加工会以及集体谈判之权利。若结社自由和集体谈判权利受法律限制,公司应该为员工争取独立、自由的权利提供相应的帮助。

5.关于歧视

在公司的各项内部管理事项上,不可以对员工进行歧视。公司的内部管理事项包括招聘、薪资水平、培训和升职机会、退休等。歧视包括种族歧视、国籍歧视、宗教信仰歧视、身体残疾歧视、性取向歧视等。公司无权干涉员工的信仰和风俗习惯。

6.关于惩戒性措施

公司不可以进行或是支持进行惩戒性措施,不可以对员工实行身体、精神上的伤害,不可以使用肢体或语言暴力对待员工。

7.关于工作时间

公司应该按照当地适用法律以及行业标准中的规定设定工作时间。工作时间在法定时间内可以进行灵活调节,但是周工作时间最多不可超过48小时,每7天至少保证1天休息。对于超时工作的部分,公司应该向员工支付正常薪资外的额外报酬。关于加班时长,员工一周加班时间最长不可超过12小时。公司与员工达成协议后,可以按照协议内容要求加班,但加班必须遵从员工意愿。

8.关于报酬

公司支付的工资至少应该达到法定或是行业规定最低薪资标准,并保证薪资可以保证员工的基本生活。公司不可以通过扣减工资来惩戒员工,公司有义务向员工说明薪资构成,支付薪资应该以方便员工获取的形式进行。同时,公司不可以通过纯劳务性质的合约安排或者虚假的学徒工制度的方式,逃避其应该承担的相关法律义务和职责。

根据 SA8000 标准的内容可以看出,它是将国际劳工组织的相关公约与人类权益的全球性宣言和联合国的相关内容进行整理和有机结合,将这些条约中关于强迫劳动问题、结社自由问题、薪酬问题、童工问题、妇女权益问题等方面的问题进行了总结规定,将国际法融入企业社会责任标准中,使之成为约束全球企业社会责任的标准。根据 SA8000 可以为企业提供关于社会责任的管理规范,并且这一标准不仅带有法律色彩,同时还是符合大众价值观、道德性极强的,这对于制定全球性的且具有法律拘束力的企业社会责任标准具有重要的参考价值。

第三章　公司社会责任的阈值与实施

公司社会责任越来越受到社会各界的广泛关注,尤其是在几次重大的相关事件发生后,在国际社会上公司社会责任问题引起了集体关注。对于企业未来的发展,公司社会责任必然会成为一个关键因素,能否合理运用公司社会责任是企业发展的关键因素。

第一节　公司社会责任的阈值

公司社会责任阈值反映了社会对公司违背企业社会责任的承受程度。根据不同行业、不同背景,公司社会责任阈值不同。确定公司责任阈值对企业进行风险预防,以及更好发展企业起到重要作用。

一、企业变量

在业务层面进行企业分析,可以帮助企业产品在市场上进行区分,如下图3 1所示。企业战略可以反映企业的价值主张,并通过不同的价值主张吸引利益相关者群体。同时,企业策略直接影响其企业社会责任阈值。

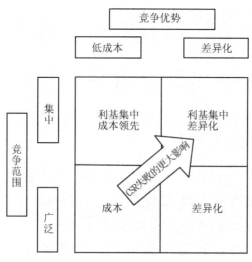

图 3-1　业务层面企业社会责任阈值

从图 3-1 可以分析出,沃尔玛的战略可能增加其企业社会责任阈值。因为沃尔玛的企业价值主张是基于一个低成本的业务层面战略,这样使它在企业社会责任方面可以更为灵活地变通,在一定程度上可以逃脱一些责任。基于沃尔玛的价值主张,其产品一般都是在劳动力成本低下的地区制造的,而非美国这种高劳动力成本的地区制造的。企业的价值主张不同就会带来不同的企业社会责任阈值。例如,美体小铺的价值主张中有一点十分重要,就是其不使用动物试验,很多消费者是因为其价值主张才选择购买其产品的,相较于沃尔玛这样的企业,这种价值主张就会为其带来低得多的临界点。所以,美体小铺的利益相关者对其社会责任违规行为的容忍度阈值会比较低;因为其价值主张而购买产品的消费者,会对企业落实价值主张的期望和要求比较高,而这就会使该企业的企业社会责任阈值更低。正因为企业价值主张带来的企业社会责任阈值不同,企业在履行社会责任时发生的错误会为它们带来不同程度的影响和损失,例如,美体小铺的某一企业社会责任错误很可能会带来比沃尔玛的企业社会责任严重得多的不良影响和损失。

业务层面战略可以分为两类,即追求低成本的战略和追求差异化的战略。采取低成本战略的企业,就要提供低于竞争企业价格的产品和服务,通过价格优势提升自己的企业竞争力。例如,沃尔玛公司就采用的低成本战略,其产品在本质上与竞争对手并没有什么区别,但是通过"天天低价"这样的价格优势赢得客户。沃尔玛在推行低成本战略时,是在整个价值链环节中保证降低成本,从而达到低价优势的成果。与低成本战略不同,差异化战略是在产品和服务本身进行差异化处理,在本质上提供与竞争对手不同的产品和服务。差异化战略通过提供具有独特特性的产品和服务获取相关的额外费用,例如劳斯莱斯提供的豪华轿车。

可以将低成本战略和差异化战略进一步进行归类,分为广泛和集中两个类型。用沃尔玛公司和劳斯莱斯公司作为实例,从结果上分析,沃尔玛可以归为广泛类型,劳斯莱斯可以归为集中类型。沃尔玛的企业战略是通过低价优势吸引广大消费者进行消费,劳斯莱斯的企业战略是通过产品差异化吸引集中的目标群体。同时,战略的选择可以通过自由组合实施,以达到更好的战略效果。例如麦当劳就是以低成本战略与差异化战略,集中战略和广泛战略结合的方式进行产品经营的。

企业的战略选择可以影响企业社会责任阈值,企业社会责任阈值是保证企业战略成功的重要环节。最易攻击的战略是聚焦于差异化的战略,尤其是那些基于生活时尚的产品。对于这些生活时尚品牌来说,市场环节、商机都是极其重要的,因为这些品牌的产品优势不在于其价格与质量等客观因素,而主要是消费者对品牌的主观印象,选择这些品牌产品的消费者,愿意支付更多额外费用购买产品。但同时,购买这些品牌的消费者拥有足够的资料选择其他品牌,这些品牌很大程度上依赖于与社会趋势变化紧密联系的主观印象上,一旦主观良好印象被破坏,将会造成大量的客户流失和经济损失。所以,对于实行集中、差异化战略的企业,因为违反企业社会责任带来的危害是十分严重的。但对于那些实施广泛、成本导向战略的企业,违反企业社会责任行为带来的危害则是有限的。

二、产业变量

不同行业会产生不同的相关利益者情绪。可以通过服装行业与银行金融业进行说明。

从事服装行业的企业有很多,其中有实行低成本战略的服装品牌,也有实行集中差异化战略的服装品牌,这就导致整个行业中的企业社会责任阈值并不统一。但从整体而言,一般发展中国家的服装产业相较于产品、品牌和顾客愿望联系较弱的行业来说属于企业社会责任阈值较低的行业。

金融和银行业一般采取广泛差异化的战略,企业社会责任的阈值比起服装产业要高得多。这里,对消费者而言通常很难识别受害者,也很难计量违反企业社会责任会带来多大程度的伤害。由于金融业的运行特质,即使这些企业有违反企业社会责任的行为,消费者一般也很难采取相关行动。

但是,金融危机的出现在一定程度上改变了这一现状,关于金融和银行业的观念也发生了变化。尽管有这些公共财政支付,但这些公司仍然保留着对相当一部分员工的过度补偿。金融危机给金融行业带来了一定冲击,同时金融危机使人们对金融行业的信任程度降低,使人们对金融行业在企业社会责任方面的容忍度降低,金融危机的出现表明这个行业越来越接近它的企业社会责任阈值了。

决定某一产业企业社会责任阈值的问题比单个公司的阈值问题要复杂,一些个别特定的产业相比其他产业更为脆弱。确定了产业的企业社会责任阈值,有利于产业更好地发展,确定的阈值使它们可以采取相关行动来纠正错误。例如,快餐行业知道了行业的企业社会责任阈值,就采取了措施,使行业开始向生产健康食品转变;烟草行业也是在提供产品的同时宣传吸烟会危害健康,并为消费者的戒烟行为提供建议。

三、文化变量

不同的文化期望也会对企业社会责任阈值产生影响,这就使得确定一个企业或是行业的企业社会责任阈值更为复杂。不同的文化背景下,企业社会责任阈值会产生差异。例如,在美国,为烟草、快餐和石棉行业确定企业社会责任阈值是一项法律行动;在欧洲,NGO 和非营利行动主义者是推动企业社会责任阈值确定的主要动力。

在很多发展中国家,对于企业社会责任的关注还仅限于企业的慈善事业问题,这就证明在企业社会责任方面,这些国家还只是在初级发展阶段。但同时,这一现象也在发生转变,很多专家在这个领域努力推动发展中国家的发展,致力于改变发展中国家跨国公司之间的观念以及对企业社会责任认知的转变。不同的国家和地区,企业社会责任发展的方式和发展的速度都有所不同。

在 2011 年,《新闻周刊》发布了一项"绿色排名",用来评估各地区不同公司"关键的可持续驱动力"。这个排名比较了"绿色经济"在欧洲、美国和亚洲的企业经营中的地位,由此比较"绿色经济"在欧洲、北美、亚太地区,是否具有相同的价值。

通过排名结果可以看出,欧洲在这个方面遥遥领先,排名前100 位的公司,欧洲占了 65%,随后是北美地区,然后是亚太地区。同时,在环境管理方面率先展开行动的是北欧的一些企业。

在"环境影响"方面,美国处于领先地位。报告表明,这一驱动因素是源于美国政府关注那些有可能引发诉讼的环境危机,从而迫使美国企业采取更有力的行动来回应。

上面两种应对环境问题的方法差异可能是与资源依赖问题有关。美国属于资源十分充足的国家,他们对于资源保护的观念与欧洲国家不同;欧洲相较于美国资源没有那么充足,所以这些国家在资源保护问题上更为重视。假设这种不包含资源保护的生活方式是根深蒂固的,美国关于资源保护的观念会与全球性观念有所偏差,因为他们无法理解因为资源有限而保护资源的观点。

虽然不同的文化背景对企业社会责任阈值会产生影响,但随着社会的发展,全球化与信息化的现代社会使企业社会责任的阈值被全面压低。因为当今的社会特点,信息流动性非常大,经济也趋于全球化,这就导致企业的利益相关者对企业的容忍度降低,同时加大了利益相关者采取强烈抵制的可能性。同时,随着互联网技术的不断发展,互联网媒体可以及时进行信息披露,并且传播速度快、范围广,人们可以更方便快捷地了解相关信息,同时可以进行跨文化的对比,这就导致消费者对企业不负责任行为的容忍度降低。

随着信息更容易获取,利益相关者与特定的企业或产品之间会建立起更容易识别的联系。除此以外,随着人们生活水平不断提高,人们关心的问题也不再只是温饱问题,而会考虑更为深层的问题,例如气候问题,这就使得企业社会责任阈值会降低,因为社会必要性演变成了更大的社会选择和改变的需求。例如,通过报道各国相对的腐败水平,展示了企业社会责任违规更有可能发生的环境,也显示了那些需要加强控制的地区。

随着社会不断发展,全球化趋势越来越明显,人们的生活水平不断提高,使得企业越来越需要有效的企业社会责任政策,并且这种政策的重要性会不断增长,这也是保证行业可持续性发展的关键环节。通过以上的企业社会责任阈值模型可以看出,企业战略和利益相关者因素会对企业社会责任阈值产生影响。为了更好地应对可能发生的企业社会责任违规风险,应该建立具有能动性的企业社会责任政策,这样可以帮助企业获得更多利益,同时可以降低或是避免企业社会责任违规行为带来的损失。

第二节 公司社会责任——整合融入公司管理

波士顿大学企业公民研究中心进行了一项针对 515 个公司样本的研究，它强调了企业社会责任对小型、中型和大型企业的价值。

企业公民对于企业良好运行起到了十分重要的作用，是保证企业正常运营的重要部分，大多数企业认为除了要完成盈利任务外，企业还应该担负其他责任，例如提供就业机会以及纳税。根据调查表明，80％的受访者认为企业公民帮助企业维持底线，超过半数的受访者将客户看待得十分重要。除此以外，与大型企业相比，中小型企业也十分重视对企业公民的态度和承诺。

研究还发现，良好的企业公民是由内部力量与外部力量共同作用而产生的。企业驱动力是由内部力量与外部力量构成的，内部力量包括传统和价值观、声誉和形象、经营策略等，外部力量主要是指消费者。然而，缺乏资源和缺乏管理层的承诺被认为是成为良好的企业公民的最大障碍。

很多世界上成功的企业都十分看重企业公民，它们将企业社会责任很好地融入了企业经营管理中，例如耐克、星巴克、微软等企业，它们将企业社会责任相关活动进行划分，安排到相关的职责部门进行管理和处理。虽然并不能要求所有公司都要一下做到世界上杰出企业那样，但这些类型的内部组织结构可能会因为企业社会责任的重要性不断增强而越来越普遍。虽然，现在关于企业社会责任的问题已经逐步得到了各个企业的重视，但是单个公司的进步不能代表整个行业，整个经济体在这方面还有许多不足需要改进。近年来，企业社会责任得到各方重视，也越来越明确，但在落实方面还存在很多问题，很多公司在企业社会责任相关工作的日常运作中掌握得并不好，还需要更多的实践来进行完善。

虽然,企业社会责任不断地被提出,也引起了各方重视,但并不是所有公司都掌握了它的运用方法,很多公司在企业社会责任的实践运用中还需要付出更多努力。

学习企业社会责任可以分为五个阶段。

第一阶段,防卫,也就是拒绝责任。

第二阶段,服从,使企业达到最低的企业社会责任要求。

第三阶段,管理,当熟悉了企业社会责任后,将其试着融入企业的经营管理中进行实践。

第四阶段,战略,通过企业社会责任的应用实践,试着将其融入企业的发展战略计划中,将其作为企业发展的重要部分。

第五阶段,公民,重视形成良好的企业公民,将企业社会责任灵活地整合融入企业管理,熟练掌握企业社会责任的应用,以此促进整个行业的企业社会责任实践。

在我们开始理解更多关于企业如何应对更大的企业社会责任压力时,我们越来越了解到关于这些企业的学习阶段以及它们如何将所学转化为行动。Account Ability 公司的创始人和 CEO Simon Zadek 在企业社会责任学习方面做出了很大贡献,他们提出学习企业社会责任主要分为五个阶段,即防卫、服从、管理、战略和公民。

可以将学习企业社会责任的五个阶段与企业社会责任阈值模型相结合进行分析。随着企业社会责任越来越受到重视,很多企业意识到了必须重视企业社会责任的作用,并通过学习达到了战略和公民的学习阶段,处于相对安全的阶段,但同时,也有一些企业在这方面处于落后地位,还处于防卫和服从这样的初级学习阶段。

第三节　公司社会责任实施——短期到长期

公司社会责任实施是将公司社会责任整合融入公司的经营

管理的过程。公司社会责任的最终目标就是将其融入公司的日常工作和整体组织文化中。

一、企业社会责任实施：短期到中期

(一)行政投资

为了成功实施企业社会责任，企业的首席执行官必须积极配合。因为这种支持是实行有效的企业社会责任政策的基础，同时也是保证企业社会责任可以顺利融入企业经营管理中，将其作为日常运营的重要环节而实现制度化。最佳状态是企业的首席执行官同时作为企业的首席企业社会责任官员。至少要保证首席执行官要定期地对公司的企业社会责任绩效信息进行了解和更新，并且为企业社会责任官员提供与上级进行有效沟通的渠道。对于企业实现企业社会责任运用来说，企业高级管理人员的承诺是极为重要的。高管们必须具备关注利益相关者视角的领导力。如果做不到这一点，在落实企业社会责任政策或活动时，不会得到应有的效果。

可以通过安然公司作为实例，安然公司因为欺骗性的大规模金融实践而宣告破产。安然公司提出的企业价值观为，沟通、尊重、整合、卓越，看起来是十分有力且意义深刻的，但是价值观如果只是凭空想象便没有任何意义。即使安然公司有这样的价值观，但在执行环节却出现了问题，公司没有做好企业社会责任的落实工作，这导致之前提出的一切价值观成为空谈，最终导致了因为欺骗性事件而破产的结局。

不可否认，语言是富有力量的，它对行为的塑造能力不应该被忽视。但是，在企业社会责任应用落实方面仅靠语言是不足够的，仅靠高层管理人员的表面支持也是不足够的。安然公司做到了语言上支持，公司的首席执行官也签署了相关文件，但这些都是表面工作，在更为重要的实践层面却没有做好。为了履行企业社会责任,企业应该在日常经营管理工作中对其进行实践与落实,只有通过不断地进行实践与改进,才能在真正意义上将企业社会责任融入企业管理。

如今,有许多优秀的企业首席执行官帮助人们对成功的管理者进一步了解,例如联合利华的 CEO 保罗·波尔曼和星巴克的 CEO 霍华德·舒尔茨等,他们都明确如何成为一名负责任的企业首席执行官。一名合格的首席执行官,不仅仅是完成法律要求下的职责与义务,同时还是道德、伦理、理性、经济动机驱动的结果。

对于现在的企业生存与发展来说,传统的商业经营理念已经不适用了。过去人们说商业问题只需要考虑未来两个季度的业务就可以了,但对于现在的经济形式来说,商业的可持续性发展需要做更长远的打算,企业在制定相关计划时,要考虑今后几年甚至几十年的发展变化,要对当前面临的各方面形势做出判断,再做出决定。

(二)企业社会责任官员

企业高层管理人员对企业社会责任的支持不能只在表面,而是应该将其转化为行动。《经济学人》指出,现在的企业 CEO,宣扬企业社会责任对企业战略以及企业发展的重要性已经成了他们的义务。但是,想要在实际上重视企业社会责任,需要在组织内可见并得到支持。企业社会责任官员,是为了直接向企业首席执行官或是董事会汇报企业社会责任相关工作而设立的职位,这样的职位设置可以适当地提高企业社会责任在企业内的可见度。想要将企业社会责任顺利融入组织文化中需要较长的时间和长久的努力。企业的社会责任执行官应该根据实际情况制定企业执行企业社会责任的路线,根据路线执行最终达到设定的结果。

企业社会责任官员负责在跨职能部门之间实现企业社会责任政策的界定、实施和审核。他们的职责还包括协助相关法律和监管的执行以及标准认证的执行情况,例如 ISO 标准。同时,该岗位人员还会回复企业接到的有关"非金融性能指标的扩散"的调查。

　　关于企业社会责任方面，会有许多相关排名，其中最著名的就是《财富》杂志上最受尊敬的公司排名。除了《财富》上面的排名，还有许多与企业社会责任相关的排名或指标，比如《CRO》杂志的前100名最佳企业公民，全球报告倡议组织和社会责任咨询公司指数等。这些排名和指数可以使外界更好地了解全球各个企业的企业社会责任实践情况，很多公司都希望在这类排名中获得较好的名次，以此提高企业声誉，展现自身的战略优势，从而提高企业的竞争力。

　　此外，企业社会责任官员应该通过创新来确保组织设计能够强化公司的企业社会责任承诺，例如，可以引进利益相关者组成的部门，或是设立企业首席执行官与总裁参与的企业社会责任小组委员会。需要注意的是，企业社会责任官员最重要的职责是时时关注企业社会职责战略制定的影响因素。其中，最有效的岗位设立方法是在企业核心运营委员会指定一名企业社会责任官员。例如，耐克公司的企业社会责任官员的设置，要求负责企业可持续运营和创新的副总裁与采购部门共同开展工作，以此保证产品的质量，同时还要符合公司的企业社会责任标准。

　　为了实现企业社会责任相关政策，要求企业在全公司范围的视角来确保收益和目标的有效实施。一般情况下，企业社会责任官员应该对遵守企业社会责任的行为进行相应的奖赏与鼓励，对违背企业社会责任的行为进行处罚。企业社会责任官员的工作是在整个公司范围内进行监控，他们应该成为风险经理、道德官员、合规和危机管理者、品牌建设者和承保者、信号指引者。除此以外，企业社会责任官员还应该制定相应的企业社会责任风险应急方案，以防出现意外情况可以及时止损。需要为意想不到的企业社会责任危机制定应急计划。

　　随着企业社会责任不断被企业掌握和应用，企业社会责任会更好地融入整个企业组织和行业中。同时，对于强化企业社会责任标准和实践，组织的直系主管与高层管理人员一样具有十分重要的作用。处于企业社会责任应用的初级阶段,首席执行官、机关管理人员和董事会的集中化领导与管理,在加强企业社会责任建设方面发挥十分关键的作用。

(三)企业社会责任愿景

所有企业的利益相关者都应该充分了解企业的社会责任立场,并应该明确其如何对他们的立场产生影响。每个企业都应该进行企业愿景和使命的描绘,这是企业灌输价值意识过程的一部分。在进行企业愿景和使命的描绘中,企业社会责任与可持续性发展应该是其重要的组成部分,但目前很少有企业能做到这一点。能够将企业社会责任与可持续性发展作为重点的企业,一般均为行业中的领先企业。

有效的愿景描述带来的相同利益也适用于公司政策的某个特定方面。因此,至少公司应该有一个企业社会责任愿景陈述。

(四)绩效指标

高层管理人员的支持,企业社会责任高级执行官职位的确立以及对企业社会责任视角的阐述,明确了意识是实施企业社会责任的一个重要因素。

在很多违背企业社会职责的行为中,犯错的人员很多都是真心实意为公司着想的,但是没有更好的工具或激励手段帮助他们做出更好的决策,导致他们进行了违背企业社会责任的操作。例如,一个公司的决策者如果面临工作绩效与污染政策的冲突,决策者必须做出一个选择,而一些决策者很可能会选择为了绩效而违反污染政策,这就导致他进行了违背企业社会责任的操作。而导致这种选择的原因,很可能与公司绩效奖励有关,因为这关系到决策者的薪酬和发展,一般公司的奖励机制是基于短期经济表现的,这也正是一些决策者在面临抉择时会选择违背企业社会责任来保证绩效。在2008年,道德与合规官员协会的一项调查显示,有54.3%的企业会将道德与合规基准作为首席执行官的评价考核因素,58.2%的企业对管理者有这样的考核,但只有14%的企业将道德与合规基准作为董事会主管的评价考核因素。所以,工作目标与企业社会责任之间的联系没有明确的规定,在二者之间进行抉择时,很大一部分决策者会将企业社会责任作为次要考虑因素。

奖励和措施在塑造组织文化中具有根本作用。所以有必要建立企业社会责任奖励机制,以此提高企业内部人员的企业社会责任意识,将企业社会责任制度进一步落实与完善。同时,这些制度和措施对于企业进行企业社会责任绩效审计提供了基础。

(五)综合报告

公司应该结合公司的财务报告公开其企业社会责任审计结果,真实有效的企业社会责任审计可以进一步加强企业利益相关者对企业社会责任活动重要性的意识。比如,因为环境问题已经成为全球都极为重视的一个问题,各个企业的利益相关者希望对企业活动应对环境承担的责任有更为具体的了解,所以在编制企业年度报告时,环境审计成了报告中的一项。同时,对环境进行审计也是一个法律需求。当企业社会责任应用达到一定程度,审计整合应该扩展到所有非金融措施,并需要得到企业范围内风险评估的支持。

贫穷地区和国家一般会将经济需求置于非金融控制之前,即这些地区和国家的企业所需要承担的企业社会责任更小,更容易将环境、安全等方面的成本转嫁于社会。为了保证发展,越贫穷的国家或地区,企业越可能得到就业支持,也就越可能承担更少的企业社会责任。但随着经济发展和社会进步,社会和企业利益相关者对企业的违背社会责任行为的容忍度会降低。虽然越来越多的企业意识到对自身行为负责的重要性和必要性,但这种理念还没有充分融入企业的日常运行中,这种不充分的理解与认识往往会导致企业进行一些违背社会责任的操作。例如,在1989年发生的重大石油泄漏事件,这就是对企业社会责任没有充分理解,没有将积极履行企业社会责任的意识融入企业员工的日常工作中,而引发了本可以避免的事故。由此可见,意识的落实十分重要。

　　企业社会责任报告可以帮助企业对相关方面的落实与推进进行一个量化统计。公司社会责任报告统计如下图 3-2 所示。为了公司更好地发展,应该做到企业社会责任报告透明公开,通过衡量企业的财务状况、环境状况和社会绩效,做到对利益相关者负责,企业年度报告三重底线如下图 3-3 所示。目前有很多公司都在进行企业综合报告的设计,力求做到科学有效。荷兰于 1999 年将运营环境和社会风险的评估加入公司财务审计报告中,法国也于 2002 年将这两项作为法定部分添加到公司财务报告。这样进行报告设计可以分为内部和外部两个方面的目的,一是为内部委托人提供有关措施,并提供鼓励进一步提高效率的基准;二是为外部委托人提供交流渠道,并提供对承诺的反馈和对未来计划的陈述。

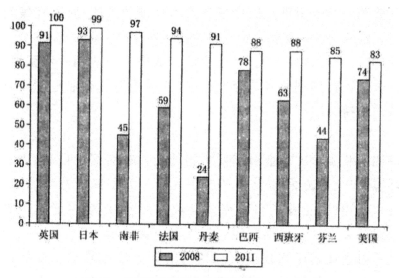

图 3-2　公司的企业社会责任报告(2008—2011)

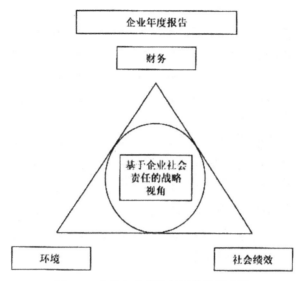

图 3-3　企业年度报告编写的三重底线

　　壳牌公司在企业社会责任审计和报告方面的工作相对领先于其他公司,因为经历过两次比较大型的抵制活动,壳牌公司开始对其企业行为进行思考和分析。第一次抵制活动是非政府组织反对壳牌公司将布兰特·史帕尔钻井平台沉入大西洋,这一计划遭到了人们的极力反对,认为这是一种违背企业社会责任的行为;第二次抵制运动是尼日利亚的环境活动家肯·萨罗维瓦反对其在尼日利亚开展业务的活动。经历了两次抵制运动,壳牌公司开始意识到自身的企业经营可能出现了问题,为了更好地对利益相关者负责,为了企业的可持续性发展,壳牌公司开始采取相应行动,立志成为更好的企业公民。一份报告表明了壳牌公司反思的结果,其中展现了公司要改变组织文化,增强企业社会责任意识的决心。

　　日前,很多企业开始进行产品生命周期评估,即使用高新科学技术对碳排放进行追踪,记录产品从生产到消费的整个生命周期的碳排放量。这些企业通过进行产品生命周期评估可以更全面地了解产品价值链。一方面,通过这种评估可以在媒体曝光之前强调潜在的企业社会责任的违规;另一方面,企业通过评估可以分析产品链的环节成本,从而进行成本节约。通过这些调查评估,在整个供应链中,供应商消耗了绝大部分的资源,然而供应商必须优先去推动建立可持续的经营。

最后,必须通过第三方机构进行独立审计,以此保证其他报告和审计的真实性。第三方审计可以包括很多内容,其中最基本也是最必要的就是进行财务审计的审核。通过第三方报告可以为企业信息提供公正公平的佐证。对于一个企业的综合报告来说,第三方审计和报告是最有效的核心环节。一个行业的行业标准可以帮助企业社会责任审计和报告更具意义,所以应该尽早建立起科学有效的行业标准。

一些国际上的机构,正在努力建立企业社会责任和综合报告的全球标准,其中包括国际综合报告委员会(IIRC)、克瑞斯(Ceres)和全球报告倡议组织(GRI)等。这是非常好的现象,及时建立标准有利于行业的稳定发展。但在建立全球标准方面有很多障碍,想要建立统一的标准很难实现。

企业编制企业社会责任审计报告只是一方面,更为重要的是保证报告的正确有效、公正透明,应该使外部人员可以清晰地对这个企业的企业社会责任履行情况进行了解,明确其履行的内容、范围和程度,做到不同企业之间的绩效可比性。

(六)伦理章程和培训

一种在全公司鼓励预期企业社会责任行为的方式是在伦理章程中记录期望值和可接受行为的边界,以及通过常规伦理培训来强化规则和标准。培训是企业进行企业规则和标准强化的必要程序,对于企业文化的建设有着十分重要的作用和意义。

对于一家企业而言,在确立企业愿景或宗旨时,应该保证其具有实际意义,而不只是空口号,这就要求公司要建立与其配套的具有真实性和实质性的伦理章程,并要进行有效培训。在很多公司,对于伦理章程和培训的落实做得十分不好,很可能就流于形式并没有开展实际行动,这就会导致章程和培训的无效化。

企业除了要建立和运行针对公司内部运行的伦理章程,也将会越来越多地通过价值链对其合伙人承担责任。尤其对于供应商的业务运作方式,这种运作方式可能为企业带来潜在风险。企业会要求供应商签署合同,要求供应商按照企业的伦理规则和行业规范准则进行操作,通过这种方式可以适当地降低供应商运作模式可能带来的潜在风险。虽然现在很多企业都采取这种方法,但对于一家企业在其供应链中的责任范围仍不够明确。对于企业在供应链中的责任范围并没有明确的标准和规定,这种模糊不清的界定方式在实际的经营过程中会导致很多问题。

关于企业在供应链中承担的责任范围和程度是一个还没有明确答案的课题,但是这一课题对于完善供应链十分关键。当企业面临对其中间供应者负责达成共识的问题时,没有明确的标准和规定界定企业应负责任的延伸范围。

(七)伦理服务热线

匿名反馈可以帮助企业加强企业社会责任政策的落实和推进。匿名反馈、投诉、揭发等过程应该通过企业内部或者第三方提供支持。美国于2002年颁布了《萨班斯-奥克斯利法案》,其中强调了这一部分内容。法案中提出,企业必须建立起一套保密的报告程序,并为员工提供这项保密报告服务,这一措施是为企业员工进行伦理犯罪举报提供渠道。有很多公司将这一服务交由第三方机构进行处理,随着互联网技术的发展,通过网络进行匿名反馈的方式逐渐增多。

接受这一委托的第三方机构必须保证对客户信息进行保密,避免客户遭到报复。这一基础设施鼓励任何会影响公司企业社会责任地位的政策报告,同时有效的员工反馈可以为企业提供很好的建议,帮助企业更好地履行企业社会责任。

(八)组织设计

在组织战略决策制定过程中,设计企业社会责任框架是十分重要的,它可以将所有企业社会责任元素合并成一个可以有效代表利益相关者利益的企业社会责任政策,这可以保证企业社会责任的努力的可见性。企业社会责任应该融入企业的日常经营管理工作中,并且日常操作需要高层管理人员的直接参与,同时董事会应该对这种日常操作做出承诺并进行监督。一家企业如果足够重视企业社会责任,就会将其与企业内其他关键问题放在对等的位置上进行看待和处理。此外,企业社会责任官员可以直接与董事会进行汇报和联系,进一步推进企业社会责任制度的建立和完善。一家运转良好、有道德、勇于承担社会责任的企业,组织架构内企业社会责任的可见性表现出其真正意义上的承诺,这使企业社会责任活动更加透明和有效。

但是一些企业在这方面没有做出实际努力,一些企业迟迟没有对企业社会责任提供结构性的支持;一些企业虽然表面上设立了相应的职位,却没有采取实际行动支持其工作推进。许多企业设立这样的岗位只是为了突出企业在此方面的先进性,为了粉饰企业的形象,并没有在更深层次重视企业社会责任,这样浮于表面的行为十分不利于企业社会责任落实工作的推进。

二、实施:从中期到长期

(一)相关利益者参与

所有大型上市公司都有成熟的投资者关系部门。公司的首要股东一般情况下会享有更多的权利,这种权利是赋予一个公司的主要利益相关者的权利。上市公司通过股价反映企业的管理是否成功,而投资者也会通过这项指标来评定企业 CEO 的工作能力。

这种双向交流通道,作为把企业社会责任移动到公司战略核心工作的一部分,应该扩展到包含公司更多的利益相关者。可以将关注焦点进行转移,不能只关注投资者关系部门,而是要关注利益相关者关系部门。这个举动是一个实质上的扩张行为,将投资者关系部门进行内容扩张,不再只是关注与企业与投资者之间的联系,而应该将其他相关利益者与企业的关系也纳入考虑范围。目标应该是建立和发展与各利益相关者之间的关系,其中包括公司职员、政府、企业经营的社区和非政府组织。

(二)信息管理

应该向企业的相关利益者传递战略企业社会责任,同时要保证其真实性和实质性。企业的公关部门就具有传递信息的作用,是企业进行外部宣传的有力媒介,通过企业的公关部门传递企业社会责任实施进展情况时,一定要注意使用正确的方法。不要过度进行自我推销,这样会引起反作用,使外界认为企业开展企业社会责任运动只是为了改善公共关系,并不是真心想成为优秀的企业公民。使利益相关者清晰地了解自己的投入对于企业来说是十分重要的,是很关键的一点。同时,一家企业不应该通过外界媒体被定义。因此,企业要做到现实与承诺相匹配来满足利益相关者的期望。目前,社会媒体的地位不断上升,为了应付这种现状企业应该制定相关策略,通过这个策略让利益相关者对公司进行评估。

目前还有很多公司无法很好地把握和管理公众对公司的评估和认知。企业对公众认知的管理是十分重要的一个环节,因为公众对一家企业的认知一旦确定就很难再发生改变,想要改变公众的固定认知,公司要付出非常大的努力,而且这些努力也不一定会带来预期的效果。

耐克公司可以作为实例进行分析。耐克公司在之前对于其在低成本的近海岸地区开展生产活动产生的反应并没有及时做出反应,也没有与当地的非政府组织开展良好合作,导致公众对耐克品牌产生了不好的印象。现在耐克公司对于履行企业社会责任和管理公共信息的方式有所改变。但是,因为公司早期一些违规行为,导致现在很多利益相关者在与其进行合作时拒绝让步。想要改变现状,耐克就需要付出更多的努力。所以,一定要注意企业的公众认知管理,它对企业的发展有很重要的作用。

(三)公司治理

公司治理问题是一个企业进行经营管理的核心问题,它可以将企业与股东联系起来。董事会对企业的作用是向 CEO 提出整体战略和方向的建议,同时对企业的经营管理进行监督,通过监督保证所有者权利不受侵害。进行科学合理的公司治理可以为企业带来更多利益。

目前推行的公司治理方法,透明度和问责制是不可或缺的方面,同时这也成为有效的企业社会责任的一个重要方面。目前相关的法律规定在不断增多,企业想要持续地发展就需要不断强化这种改变,同时,企业在法律法规制定前就采取行动也是十分重要的。股东行动主义正在不断增加,并推动公司法的改革。企业在进行内部治理时一定要保证过程的透明性,不论是企业政策的制定过程,还是企业管理人员的任命过程,都应该是民主透明的,这样才可以保证降低委托人和代理人之间的传统冲突。

公司治理逐渐会成为对企业社会责任关注不足而推进的改革目标。在 2002 年,伴随着安然和其他公司的经济和道德丑闻,美国颁布了《萨班斯-奥克斯利法案》。法案中对企业的公司报告提出了新的要求,相较以往要求有所提高,同时还规定企业要对外公布更多额外信息。这一法案不只是针对那些违背企业社会责任的企业,而是适用于所有上市公司。随着金融危机的爆发,世界金融体系面临整体崩溃,在 2010 年,《多德-弗兰克法案》颁布,法案中对企业的融资和投资行为的审查有了进一步规定,同时强调了董事会的监督功能。

目前很多关于企业社会责任的企业丑闻,都是因为没有明确的法律法规对企业违背企业社会责任的行为进行监督和管理,没有规范的企业治理原则对其进行强制性管理。随着社会各界对企业社会责任的关注不断加强,企业社会责任的发展将会出现新的局面,企业内部将会形成一个 CEO 和总裁共同参与的企业社会责任委员会,并将道德与合规基准作为董事和高级管理人员绩效评估的一部分,进一步推进企业社会责任官员在企业中的作用,提高企业社会责任与风险管理之间的联系。推进这样的结构改革无疑是一个漫长的过程,但这样可以实现组织设计强化公司的企业社会责任承诺,同时可以最大限度地减少企业风险,在未来一段时间内实现企业绩效最大化。

(四)行动主义和倡导

行动主义可以帮助企业吸引利益相关者,还可以帮助企业实现使命和远景,但是从长远角度分析,行动主义不能长久地保证这种定位。一些企业因为经过较长时间的经营,面临的问题越来越多,公司的管理也愈加复杂,甚至一些企业的创始人不得不放弃自己的经营管理权,而是聘请专门的职业经理人对企业进行经营管理。不论什么形式的行动主义,想要做到切实有效,就必须支持一个经济可行的商业策略,尤其是关于企业社会责任方面的行动。行动主义应该在经济可行性与社会法律参数内进行,这是保证企业生存的最低标准。如果一家企业面临破产,那么即使它采取企业社会责任行动也不会获得利益。若一家企业不具备基本的经济、法律或其他业务基础,行动主义并不能维持企业运营。

也就是说,一个真诚的企业社会责任行为可以通过加强和巩固与各利益相关者的关系而延长企业存活时间。行动不需要进行对抗,但提出合适的观点可以进一步加强对企业的支持。一些同行业的企业进行合作,这样有利于提高标准,还可以在一定程度上防范潜在风险。

例如,阿迪达斯、耐克、彪马和其他公司想通过合作建立一个全行业有毒供应链污染的解决办法,这一行为引起了绿色和平组织的关注。这个项目的推进应该依靠各个企业之间的合作,而绿色和平组织也参与到其中起到了一定作用,绿色和平组织可以更好地促进各家企业之间积极参与和合作。

很多企业都十分支持且倡导此类问题,因为通过这类问题可以明确企业的立场,就此与消费者的价值利益联系在一起。同时,这也是一种自我保护行为,在企业面临一些难以明确断定责任范围的问题时,便可以通过这种方式进行防守。除了客户关系,企业宣传可以赢得员工、当地社区和政府机构等其他利益相关者的支持。值得注意的是,企业参与这种活动,必须要将企业的使命与愿景作为前提,不能与此相悖,同时在执行时应该将企业社会责任渗入企业的各个层面,渗透整个组织文化中。

第四节　执行——嵌入公司社会责任

在企业社会责任工作方面,不同人员发挥不同作用。CEO 的主要责任是积极支持企业社会责任官员的工作,配合他们将企业社会责任融入整个组织文化中;企业社会责任官员的主要责任是保证企业社会责任目标与行动要保持一致性。保证企业社会责任的推进有相关技术支持,并保证信息的自由流动,为了提高相关利益者对企业的信任,企业应该努力提高相关利益对其企业社会责任的期望。利益相关者的行动主义可以推动企业 CEO 和董事会提高企业社会责任阈值,帮助企业实现其承诺。但关于企业的企业社会责任承诺,是主动的还是被动的是一个关键问题。

一、战略规划

企业社会责任涉及公司整体方向和日常活动,但其实施是开始于每年的战略计划实施过程。战略计划明确了企业的战略目标,同时对涉及的人力、物力和财力等资源进行合理配置,以达到最佳效果。一般情况下,企业制定的长期战略计划是很早就在年度计划中进行设定的,关于长期战略计划的时间范围的定义会根据不同行业有所区别。例如,考虑到电力需求、规划设计以及电厂建设等多方面的问题,电力公司的长期规划时间一般可达到 10

年、15 年或是更久；但对于消费品行业而言，长期计划可能仅仅是几个月的时间范围，这一个时间区间就包括了产品的整个生命周期。例如，像 ZARA 这样的服装零售商，它进行一个产业价值链的建设只需要两个星期，所以对于这样的消费品企业来说，即使是长期计划也可能仅仅是几个月甚至更短的时间。战略计划的时间长短是根据企业自身情况设定的，只要一个长期计划包含了这条产业链就可以。

企业的长期规划目标必须与其未来发展目标达成一致，同时，企业的商业目标必须进行更为具体的分解划分，将其分解为企业内各部门单位可认知的具体目标，这些部门单位应该包括产品生产部门、融资部门、人力资源部门等。总体的战略目标是建立具体战略行动的基础，而企业社会责任制度文件在这个过程中可以发挥一定作用。企业社会责任文件一般不是通过获取直接的经济效益而发挥作用的，它可以帮助企业雇用到极有价值的具有独特技能的职员。在实际的企业经营管理过程中，保证足够的人才的储备是保证企业可持续性发展的关键环节，优秀的人才对于企业的发展有着至关重要的作用，同时这也进一步证明时间和资源的分配需要有效地针对企业社会责任目标。

为了更好地实现长期目标和战略，应该将其转化为更具体的短期目标。在制定短期目标时，应该让其满足 SMART 原则，即具体的（Specific）、可衡量的（Measurable）、可达到的（Attainable）、相关的（Relevant）和有时间限制的（Time-bound）。随后将相关的资源进行科学合理的配置。企业一般会在财经年度或是日历年的年末，为下一年的资源配置进行预算。通过预算可以更有效地对资源进行统一配置。

通过这种方式进行资源配置有时可能不能得到理想的效果，这种方法会关注一些如投资回收期或投资回报率这样的客观指标。同时，当今的大部分企业都会设立多重目标，这就要求企业要对各个目标进行对比和权衡，根据目标的重要性进行资源的合理有效分配。最终，企业社会责任可能并不能很好地执行，会导致缺少高级管理人员、董事会或者专门的企业社会责任总监的授权的局面。

现在很多企业战略规划的过程中,很容易忽略企业社会责任,这就要求企业在今后的工作中要采取一些合理有效的方法保证其实施。想要将企业社会责任真正意义上的整合融入企业战略决策和企业组织文化中,还需要很长一段时间的努力,但必须推进其发展,因为只有这样才能保证企业社会责任能够在全球商业环境中获得一个重要的地位。

二、企业行动

行动才能保证计划具有意义,想要落实企业社会责任,应该将企业社会责任计划转化为有实际意义的行动。对于企业推进企业社会责任的问题,最主要的是加强企业和董事会对企业社会责任意识,以及将企业社会责任整合融入企业的日常经营管理过程中。这就要求企业将企业社会责任过滤器运用到企业的愿景、使命、战略和策略上。企业社会责任过滤器如下图 3-4 所示。企业在经营的过程中,不仅要满足企业内部成员的利益需求,同时还要满足社会对企业的要求,实现企业的自身价值。最终,在内部与外部的有利条件下,企业会表现出企业的增长能力、股东财富的增长能力、客户和其他利益相关者需求的满足能力。

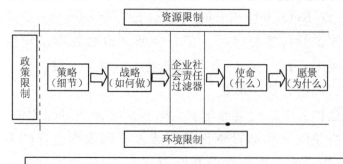

图3-4　战略限制和企业社会责任过滤器

　　对于企业的经营发展来说,经济发展是首要目标,其他经营活动都会为这个目标让路。这种现象就很可能导致企业进行一些不恰当的操作,从而影响其长期的生存发展能力。将企业社会责任整合入企业的经营管理中,可以为企业的长期稳定发展提供一定保障。为了实现这种整合融入,需要高级管理人员的有力支持、企业社会责任官员的努力工作、一个完整定义的企业社会责任立场声明、合理有效的企业社会责任的绩效指标、有效的企业综合报告、合理有效的企业培训和道德指南、为利益相关者提供的伦理服务热线,还有将这些元素进行合理整合的企业结构。这些只是实现企业社会责任整合融入的基础,想要达到理想效果需要更多努力。利益相关者的范围应该尽可能地扩大,争取可以将所有相关者都纳入其中,并给予他们话语权,积极了解并满足他们的需求。然而这一切都建立在行动之上,只有真正采取了有效的行动才能推动企业社会责任。在今后的发展中,企业社会责任必须是企业进行战略规划的一部分,同时还要注意战略实施的过程和方法。

第四章　公司社会责任的
开展及战略管理

公司社会责任是近几年来公司管理领域出现的一个新概念，从萌芽期、成长期到发展期，已有五六十年的历史。公司作为市场经济的主体，其首要责任是为市场提供质量合格、安全的产品和服务，以获得最大限度的利润，这是公司的生存之本。而在现代社会中，人们越来越意识到，作为一个公司仅仅追求自身的利润最大化是不行的，公司还应当履行广泛的社会责任。

第一节　公司社会责任开展的障碍及未来发展

目前，虽然在声势浩大的公司社会责任运动与全球化国际潮流中，我国的部分公司也做出了积极的回应，开始以更加积极的态度来面对公司社会责任的问题。但是从目前来看，我国的公司社会责任缺失的状况仍然是不容乐观。

一、公司社会责任开展的障碍

(一)公司责任制度的不完善

公司社会责任加强的途径是公司的道德自律。道德自律不可能完全建立在思想觉悟和自愿的基础上，如果能把某些公司社会责任准则规范化，形成内部的各种管理制度，就可以达到良好的效果。因为制度具有伦理教育作用,通过对超出这一范围的活动进行惩罚的方式对某种行为倾向进行规范,并使这种规范的行为转化为一种习惯行为。此时,外在的制度约束就转化为个人的自我约束,从而提高人们的伦理道德水平。

(二)公司社会责任意识淡薄

现阶段我国公司社会责任教育滞后,高层管理者往往忽视社会责任的重要性,责任意识不强;管理者对公司的社会责任了解不多,对部分非道德行为采取容忍的态度,把不道德行为归因于社会环境。员工是公司生产经营活动的主体,他们的社会责任意识状况对公司的发展至关重要。现在许多员工缺乏相应的社会责任知识,对公司无感情,责任意识淡薄,关心得更多的是自己的物质利益,对公司的发展不感兴趣。

(三)公司商业诚信意识缺失

商业信用是市场经济良好运行的基础,良好的商业信用是公司履行社会责任的重要因素。随着我国市场经济的不断推行,三角债、假冒伪劣产品、合作中的任意违约行为、交易中的拖欠赖账等行为愈演愈烈。在我国经济生活中、证券市场上,诚信严重缺失。在经济生活中,有相当一部分公司未秉承诚信的经营理念,失信、欺诈行为相当严重,违约现象比比皆是。目前,我国公司商业信用缺失问题主要表现为:一是公司财务造假事件频发,根据对公司有利的财务需求隐瞒利润或虚报扩大利润成为行业潜规则,甚至滋生了专业的财务中介;二是公司合同违约和合同诈骗的比例逐年攀升,已经成为市场经济发展过程中的　大"毒瘤";三是公司间的多角债务造成了恶性循环,严重影响了经济的正常运行;四是商业贿赂屡禁不止,银行贷款、公司上市、工程招标、产品营销等各个环节均有此类现象发生。诚信缺失已成为公司发展的巨大障碍。社会呼唤的诚信与公司的诚信操守形成了巨大的反差。

(四)公司伦理品质和伦理制度丧失

公司管理者和经营者的行为和精神气质,创造和体现着市场经济所要求的伦理规范。公司的伦理品质,是公司实践市场经济伦理规范所表现出的道德观念和行为倾向等的综合状况,它是公司参与市场经济活动的伦理品格。然而,市场经济和公司的趋利性,使一些公司的伦理品质在减少甚至丧失。如诚实守信品质的丧失、勤俭节约品质的丧失和社会责任精神的缺失。在公司伦理品质丧失的同时,公司伦理制度也在丧失。伦理制度是伦理品质实现的形式,它是制度通过其强制性的准则、规则在整合和调节各种利益矛盾时表现出来的伦理性和伦理功能,制度的合理性、公正性是公司伦理制度的基础。目前在公司发展中,由于产权制度、组织制度、管理制度都不健全,责任、权利、义务关系模糊,使一些违法乱纪行为猖獗,如转移国有资产、做假账、违反财经纪律、侵犯员工合法权益,这些现象正是公司缺乏合理公正的制度约束的产物。伦理制度的缺失,使公平和正义的伦理原则得不到实现。

二、完善公司中社会责任建设

公司只有从价值观和文化的角度高度重视社会责任,将公司的社会责任纳入公司目标和战略管理之中,公司的社会责任行为才能够持久和系统发展。在公司社会责任建设中,政府是一支重要的主导力量。对于政府在完善公司文化中社会责任建设的作用,政府必须正视自身在公司社会责任建设中的积极作用,在鼓励和倡导公司履行社会责任,制定与完善公司社会责任的法律规范,营造公司社会责任建设的政策环境,促进公司社会责任的交流与合作等方面推动公司社会责任建设,实现公司与社会的和谐发展。公司能否为顾客服务,是否能提供优质的服务和产品,这些都与公司的精神与文化密不可分。公司承担社会责任,必须通过公司文化的建立为载体来实现。

（一）树立"公司文化创新是核心竞争力"的理念

公司创新包括技术创新、制度创新、管理战略创新和公司文化创新，其中公司文化创新才是公司核心竞争力最为重要的，特别是对于处在转型期面对经济全球化的中国公司来说，文化和观念的转变与创新是中国公司形成核心竞争力的根本。中国特有的国情使中国公司的文化创新在形成核心竞争力时成为最为突出的制约因素，因此应该实事求是地把公司文化与观念的创新摆在第一位。同时，随着知识经济席卷全球和经济全球化，世界先进文化要求我们不断跟上并有新的突破，这也要求我们把文化与观念创新摆在第一位。事实上，其余三种创新都是在文化创新的大背景下进行的。首先，没有一个好的文化创新氛围，就不能产生一个好的制度创新，不能形成良好的制度安排。制度创新与文化创新是互动的，在制度变革中常常促使文化创新，文化创新又促使制度创新，形成一个相互促进的机制。有时制度创新先于文化创新，可是如果没有好文化的接受，新的制度也无法取得好的效果，难以发挥强大的制度创新推动力。其次，没有一个好的文化基础，就难以创新出一个好的适应该文化的经营战略。只有造就一个善于学习、勇于创新的良好文化环境，才能使人的知识和能力不断提高、不断集聚，从而使公司充分发挥自身的比较优势，并形成竞争优势，最终形成公司核心竞争力。最后，没有一个好的文化创新先导，就难以产生出先进的满足市场需要的技术创新。公司技术创新是公司竞争取胜和不断升级的原动力。当代科技创新的高密化、集聚化、一体化和加速化，大大促进了整个社会的发展。公司间的竞争由产品竞争向技术创新前移，进而前移到知识竞争，前移到人的价值理念和思想观念竞争，也就是文化与思想观念等方面的竞争。因此，文化观念创新的先进与否最终决定了技术创新的先进与否。

(二)必须把社会责任建设上升到文化层次

公司文化中的责任意识停留在浅层次的非理性的区位上,是我国公司社会责任的现实状态。最典型的观点,就是把公司社会责任建设看成是笼络公司员工感情或是公共关系的一种有效手段。诚然,树立公司形象是公司文化建设的有机组成部分,但千万不能停留在这种水平上。因为这些都属于公司文化中的浅层次外围性的东西,公司文化的本质和核心在于塑造一种理性的价值观和公司精神。只有使全体员工在理性层次上形成一种共同的价值观和公司精神,公司员工才能真正持久地凝聚在一起,从而发挥出强大的整体力量,实现公司目标。如果公司社会责任停留在非理性的情感文化层次,没有理性化的公司宗旨、价值观和公司伦理在背后支撑,就极易导致公司和员工在经营活动上的情感化趋向,其中包括破坏生态、破坏环境、毁坏资源等非理性行为。公司社会责任建设上升不到理性层次,不塑造具有信仰和理想色彩的、融通人文精神和道德理性的公司宗旨、公司价值观、公司精神、公司伦理,就无法消除有悖于实现可持续发展的经营活动。因此,公司文化建设必须实现对非理性的情感文化的超越,走向深层次。

(三)积极履行公司的社会责任

中国的公司要融入国际社会,就必须接受西方文明所创造的代表人类进步趋向的一切有价值的成果。作为国际"游戏"规则之一的公司社会责任,所体现出的对社会公众权益的维护也是我国公司必须接受的。在目前的国际竞争格局下,商业行为符合道德标准已经成为国际社会的基本共识。国际公司社会责任守则的审核或认证是以强制性的方式贯彻社会公益,维护社会弱势群体的利益。其实质是将概念化的诚信固化为公式化的诚信。公司只有在观念上和行动上都认同公司的社会责任问题,才真正确立与世界接轨所应具备的开放的"心态"。因此,公司应从尊重员工做起,将公司道德内部制度流程化,全面履行社会责任,并形成公司自身的社会责任道德观。社会群体组织、行业协会等应积极强化与非政府国际组织间的有效沟通,通过对国际公司社会责任守则的审核或认证的准确理解,去指导公司或者协助政府部门建立符合我国实际的公司失信行为惩处机制、公司的法律监督机制、社会责任管理体系的有效性评价机制等。在我国经济融入全球经济的过程中,存在着彼此交流、相互认可的障碍并不可怕。没有障碍,就没有公司文化的融合;而没有文化的融合,就不会有公司的发展。

三、公司社会责任开展的未来发展

(一)强化道德调控机制建设

道德调控机制是社会主义市场经济管理的必要手段。公司的经济行为必须置于社会道德评价与监督之下,这样才有利于促使公司在其经济活动全过程中始终遵循伦理要求,不规避社会责任,使公司必须承担其原本不想承担的必要成本,促使经济主体的局部利益与社会整体利益自觉地协调一致。公司的经济行为能否取得相应的价值回报,在相当程度上取决于全体员工道德素质的高低以及社会责任感的强弱。因此,公司领导者或管理者的道德素质和伦理责任显得尤为重要。要想公司的经济行为符合伦理规范,就必须着力提高领导者和全体员工的道德素质,增强其社会伦理责任感。同时公司要重视从文化角度研究员工的各种需要,创造良好的文化氛围,为职工全面发展和价值实现创造条件;要尊重和重视员工的创造性,鼓励员工发挥主动性和独创性,充分释放其智慧和才能;注重对职工的培训,全面提高职工的文化水准和业务技术水平;把实现公司的价值和实现个人的价值有机地结合起来,同时达到公司兴旺发达与个人全面发展的双重目标。

(二)构建公司社会责任制度化建设

公司社会责任制度化是加强公司伦理文化经营的有效途径，制度可以将社会责任转化为具体要求，可以进一步量化、细化到工作职责、义务等方面，以便于把握和执行。制度可涉及产品质量、服务质量、管理等各个领域，与公司内部员工及管理者的工作息息相关，因而具有较强的可操作性。构建公司社会责任制度，应正确处理公司与消费者、供应商、竞争者、环境、所有者、员工之间的关系，按照诚实信用、互惠互利、公平以及社会利益和公司利益相统一的伦理原则将有关事项进行细化，以制度的形式严格规定下来并切实执行。例如，有关劳动安全，有关人员招聘、晋升方面的人事制度，有关公司人才竞争、市场竞争、信息竞争等领域的平等、公平的竞争制度，有关真实、客观、全面信息的信息发布制度，有关包括公司的公关、广告等在内的营销制度，等等。另外，要保证制度的有效运行，还必须建立一系列有效的监督制度，包括法人治理结构，高层内部的监督，自上而下、自下而上的监督，矩阵式的横向监督，等等。

(三)将公司文化的人文精神与生态精神并重

公司社会责任要求我们的公司在生产与经营中爱护自然环境，科学地对自然资源进行合理开采，为子孙后代留下生存的资源。公司文化主要研究人与人的关系，体现的是人文精神。公司社会责任建设又为公司文化增添了恰当处理人与自然关系的生态精神。实践证明，公司文化发展的诸多方面都需要生态精神与之相结合。这是因为：第一，大部分公司在公司文化的建设过程中，重视了人的价值，却忽视了对周边环境的影响。第二，现代消费者更青睐绿色产品，公司也想通过"绿色浪潮"来提高产品的生态含量。第三，公司要实现可持续发展，"生态化"是必由之路。生态精神融入公司文化后，自然就不再被当成公司的劳动对象和可利用的资源，而是成为公司的有机统一体。这不仅可以扩大公司文化的外延，而且有利于公司树立良好的社会形象。

第二节　公司社会责任的管理体系内部审核

内部审核也被称为第一方审核,由组织者自己或者以组织的名义进行的审核,审核的对象是自己公司的管理体系,即公司管理体系程序能否持续地满足公司的正常运转。内部审核为有效地进行管理评审和纠正、预防措施做出判断,其目的是为了验证组织的管理体系能够运行,可作为组织自我合格的声明。在很多情况下,尤其是在小型的公司组织中,可由与组织内部审核无相关责任的人员进行,以证实独立性。

一、公司内部审核的特点

公司社会责任内部审核的目的,是检查履行社会责任的各项活动是否符合策划的要求,实施结果是否有效。通过检查发现问题、采取纠正预防措施。但是社会责任管理体系内审着重于履行社会责任绩效的表征,着重于行为性活动,着重于结果的记录。

审核方法也是按照 GB/T19011—2003/ISO19011:2002《质量和环境管理体系审核指南》的要求进行。

GB/T19011—2003/ISO19011:2002 标准对审核工作规定了一些审核原则。这些原则是审核人员和实施审核工作所必须遵循的基本原则,是对审核员道德行为、思想作风、业务水平的明确要求,这对确保审核的客观性、公正性和有效性具有重要的作用。

(一)公正表达,真实准确地报告

审核人员在审核的过程中,对于审核中的发现或出现的问题、审核结束后得出的结论、在编写审核报告的时候应当客观、真实、准确地反映审核活动的真实情况,在审核的过程中如果发现疑难的问题,与审核组和受审方之间的分歧,应当如实地向相关部门方面进行反馈和报告。

(二)在审核中勤奋并具有判断力

一名合格的审核员需要具备的是对专业知识的足够了解,勤奋工作,在审核的过程中能够对待问题做出正确的判断,同时,审核员在经过培训之后,应能够熟练地运用审核技术和技能,认真地做好审核工作,这是每一个审核员都应该具备的能力。

(三)审核的公正性是审核结论的客观性的基础

作为一名合格的审核员,应当对待问题严谨、认真,不能够带有个人偏见,独立于被审核的活动,不介入受审核方的利益冲突,在审核过程中保持公正、公平的心态,以确保审核发现和审核结论是以审核证据为准。

(四)基于证据的方法

审核证据应当是真实的、能够查询到的、可以进行验证的,证据应当来源于可靠的信息。采用合理的抽样方法,诸如随机抽样的方法,采取随机抽样,适度均衡抽样,保持足够的样本数量,是确保审核结论的可信性的重要方法。

二、内部审核的流程

内部审核一般可分为审核准备、现场审核、总结、跟踪验证等四个阶段,审核的各个阶段都有各自的任务和要求。内审通常不进行文件审核工作,但可对受审部门的操作性文件进行评审,提出评审意见。

(一)审核的准备阶段

内部审核的准备阶段主要有以下活动。

(1)审核启动,管理者代表下达审核指令(一般提前7~10

天）。

(2)指定审核组长,成立审核组,明确分工任务。

(3)确定审核目标、范围、准则。

(4)审核组长编制当次审核计划,分发受审部门及有关人员。

(5)内审员培训,学习审核文件,熟悉受审区域情况。

(6)审核组编制检查表。

(7)准备审核所需资源(文件、记录)。

(二)现场审核实施阶段

本阶段的主要活动有:

(1)召开首次会议。

(2)分组进行现场审核,收集信息。

(3)产生审核发现,确定不合格项,讨论审核结论。

(4)召开末次会议,宣布审核结果。

(三)总结阶段

本阶段的主要活动有:

(1)向受审核部门发出不符合通知单,责任部门负责人及管理者代表签字认可。

(2)责任部门制定纠正措施并组织实施。

(3)审核组长编写内审报告,经管理者代表批准后,印发有关部门。

(四)跟踪验证阶段

本阶段的主要活动有:

(1)纠正措施完成后,受审部门通知管理部门。

(2)管理部门组织跟踪检查验证,在获取证据后签字确认。

(3)不符合项关闭。

三、内部审核准则

审核准则是内审时评价公司社会责任管理体系符合性和有效性的依据。审核准则包括适用的方针、程序、标准、法规、行业规范、体系文件等。由审核方案和内审程序规定。社会责任管理体系审核准则主要有：

(1)SA8000:2001 社会责任国际标准。

(2)本公司社会责任管理手册。

(3)程序文件、管理标准、作业文件。

(4)国家和行业部门发布的有关法律法规、标准。

(5)与相关方合同。

四、内部审核范围

审核范围是指一次审核活动所覆盖的内容和界限,即审核活动所涉及的实际位置、区域、组织单元、场所、过程、活动、产品以及所覆盖的时间。

场所:包括部门和地区,如生产、管理、服务部门,分支机构、野外现场等。

过程:手册中表述的管理体系范围的管理职责、资源提供、产品实现、测量、分析和改进过程及其子过程。

活动:指与社会责任管理有关的各项活动。

五、内部审核计划

每一次内审都应编制当次内审实施计划(内审计划实例见下表 4-1)。

表 4-1 内审计划实例

××电力维修公司

2015 年社会责任内部审核计划

编制日期： 编号：

审核目的	检查本公司建立社会责任管理体系以来,各项活动是否符合策划的要求和管理体系文件的要求,评审体系运行的有效性		
审核范围	本公司与社会责任管理有关的过程、部门、车间、班组及外包工程		
审核准则	·国家电网公司社会责任指南 ·SA8000:2001 社会责任国际标准 ·本公司管理手册、程序文件、作业文件		
审核日期	2015 年 3 月 3 日至 3 月 5 日		
审核组成员	组长：×××,第一组：×××、××、××; 第二组：××、×××、××		
编制	×××	审核	××	批准××

日期	时间	A 组	B 组
3 月 3 日	8:30—9:00	首次会议	
	9:00—12:00	最高管理者	生产技术部
	13:30—17:00	安全环境部	经营策划部
	17:00—18:00	审核组内部会议(沟通一天审核的情况)	
3 月 4 日	8:00—10:00	××供电所	变电工区
	10:00—12:00	××供电所	农电工区
	13:30—15:30	总经理办公室	调度所
	15:30—17:30	总经理办公室	客服中心
	17:30—18:30	审核组内部会议(沟通一天审核的情况)	
3 月 5 日	10:00—12:00	末次会议	

(一)审核计划内容

(1)审核目标。

(2)审核范围。

(3)审核组成员及分工。

(4)审核日程安排,包括首、末次会议和小组会,各部门现场审核时间以小时为单位进行安排。

(5)参加会议对象及地点。

(二)审核计划的编、审、批

审核计划通常是由审核组长编制,在现场审核前一周编制完成,由管理部门负责人或者管理代表审批,印发各受审部门及参加内审的审核员。

(三)内部审核检查表

检查表是审核员进行审核的工具,也是内部审核的重要原始资料之一,检查表由审核员按照分工的要求进行编写,审核组长指导并统一协调,避免遗漏或者重复。

检查表是依据标准、组织的管理体系文件,按部门职能分配和过程进行编制。部门、项目的职责涉及哪些要素?哪些是主要控制要素?哪些是相关的要素?过程的输入、输出和活动的内容是什么?都是需要一步步地列出审核的要点。

采取合理的抽样调查是设计检查表的关键。在现场,检查员需要查看很多的文件,通过一一对比,才能找出问题的所在,文件的数量过大,就不能统一地进行对比,所以通常采取的是合理的随机抽样调查,样本的数量一定要在合理的范围内,才能够保证审核结果的公平与公正。

检查表的作用是:

(1)使审核目标明确、清晰,既要突出审核的重点,又要保证审核内容的完整性。

(2)使内部审核工作规范化、格式化,减少内审员的随意性和盲目性。

(3)保持内部审核的进度,防止出现审核过程前期、后期过紧或者过松,导致时间上出现延迟的现象。

(4)作为内部审核的记录保持、存档。

六、内部审核实施

(一)首次会议

首次会议是现场审核阶段的开始。主要是确认审核计划,审核组与受审核部门沟通,由审核组全体人员,受审公司领导和部门负责人、管理者代表和其他有关人员参加,审核组长主持会议。会议应签到和记录,时间 30 分钟。

首次会议的议程是:

(1)确认内审目标、范围和审核准则。

(2)介绍审核日程安排。

(3)介绍审核组成员及分组。

(4)明确审核方法、程序和要求。

(5)确认末次会议时间。

(6)请主要领导简短讲话。

对于小型组织,首次会议可以简化,可通过沟通传递内审信息。

(二)现场审核

首次会议结束后,即进入现场审核阶段。现场审核是按内审计划由审核员按准备好的检查表进行检查,这是一个寻找客观证据的过程。

1.信息收集方法

信息收集的方法有面谈、查阅文件和记录、现场观察,这三种方法可以单独使用或交替进行,目的是获取更多的客观证据。

选择合适的方式与受审方的有关人员进行面谈,提出适当的问题,内审员可以从中获取一定的信息、线索以及有效的证据。面谈的过程中应当注意围绕审核的主题进行交流,穿插引导式提问或封闭式提问,控制时间。提的问题必须是有针对性的,面谈结束后,内审人员做出小结,与受审方确认一些客观事实。

查阅文件时应当注意查阅的文件和记录必须是正式的,应当是有关的机构审批的有效文件,记录也是按照规范的表格进行编写的记录表,并注意注明日期与姓名。

现场观察时要仔细认真,能够透过现象获取真实的信息,应当进行少量的提问,验证是否与所记录的结果相一致。

2.审核记录

审核员在面谈、倾听、观察的过程中,同时做好审核记录。记录包括:审核过程中真实的事实陈述,观察的结果,应该对时间、地点也做出记录。记录过程应当清晰、准确、抓住重点,能够作为评价体系符合性和有效性的证据。

3.现场审核控制要点

由于在现场审查的时间比较短,所以审核人员应当集中精力控制审核过程。应当注意以下几点。

(1)在审核的过程中虽然是以检查表为标准,但应根据现场实际发生的情况进行记录调整或补充。

(2)当发现与实际情况之间有所出入时,有必要进行深度的调查,适当地追查问题的原因和结果,审核员与受审方人员进行沟通,并征得该事实的确认。

(3)获得的客观证据可靠,要有可重复性,可追查性。

(4)控制现场的审核气氛,应当与受审方之间友好地进行,避免过于草率地决定。

(5)控制审核进度,不可拖时间太久。

(6)在审核的过程中,应当保证审核的公平性和公正性。

(7)控制审核结果,避免错误与不恰当的结论。

4.审核发现

审核发现是指在审核结束之后按照审核的标准进行评价的

结果。

内审员通过现场的调查,获得了大量的证据,将这些证据与审核标准进行对比评价,得出的结果,符合审核的规定时,则为符合项,给予肯定,在不符合审核规定时,则视为不符合项。

对于不符合项要有事实、证据和记录,便于查证,要得到受审核部门负责人确认。审核组经过协商研究和综合评价分析后,对于不符合的项目做出"不符合通知单"。

(三)审核报告

审核报告说明的是一次内部审核结果的综合性文件,审核报告由审核组长编写。

表 4-2　审核报告

××供电公司

2015 年度社会责任管理体系内部审核报告

2015 年第二次内审	审核日期	2015 年 3 月 3 日—3 月 5 日	报告日期	2015 年 3 月 10 日
1.审核目的及范围: 　·审核目的:检查本公司建立社会责任管理体系以来,各项活动是否符合策划的要求和管理体系文件的要求,评审体系运行的有效性。 　·审核范围:公司管理体系覆盖的供电生产运行、维护、检修的全部过程、部门、车间和场所。				
2.审核准则	·管理体系文件·相关法律法规·ISO9001:2000 标准			
3.审核组成员:组长:×××;成员:××,××,××,××,××,×××,××,×××,××,××				
4.审核概述: 　本次内审为体系文件发布以来的第一次内审。由管理者代表进行策划组织,发出审核指令,确定审核组长,由 15 名具有审核资格的内审员组成 2 个小组。公司"贯标办"编制了审核计划,对内审员进行了审前培训,并按各部门的职责和体系文件要求制定了较为详细的检查清单。共审核了 7 个部门、12 个分部及最高管理者。现场采用抽样审核方式,查阅有关文件记录 900 余份,并通过与部门负责人面谈、现场观察、询问,获取了大量客观证据。对照审核准则,形成审核发现。本次审核共开出一般不合格 12 项,它们的分布见"不合格项分布表"。				

2015年第二次内审	审核日期	2015年3月3日—3月5日	报告日期	2015年3月10日
5.综合评价				
6.存在的主要问题				
7.建议和要求				
8.报告分发范围各位总经理、管理者代表、各部门				
管理者代表	××		报告编写人	×××

审核报告主要是由审核的目标、审核范围、审核准则、审核组成员、审核日期、审核过程简述、审核过程中发现的不符合项、审核结论以及整改意见组成。

审核报告应该由管理者代表批准签署并打印、分发到有关部门。

第三节 公司战略管理与公司社会责任

公司社会责任在我国发展至今,已经取得一定的成效,但是大多数公司仍未将公司社会责任纳入公司战略的高度之中,从而制约了这些公司的长期发展。现代社会对公司社会责任的重视程度促使公司必须认识到社会责任是公司必然的战略选择,将公司社会责任融入公司战略当中,扩展公司战略的内容,将有利于公司的可持续发展,同时也有利于公司利益与社会利益的实现。

一、公司履行社会责任是公司必然的战略选择

经济全球化浪潮推动公司社会责任在全球迅速发展起来,对各国公司、社会发展的影响都是相当深远的。我国《公司法》强调公司必须承担社会责任,一方面是来自国际上的压力,另一方面是为了增强公司的竞争力。公司应当履行社会责任,并将公司社会责任融入公司的整体战略当中,以保持公司的长久经营和发展。

目前,公司社会责任在我国的发展属于形成阶段,即要求经济发展与环境保护相协调。随着社会对可持续发展的关注以及对要求的日益加深,环境保护也是我国经济发展的必由之路。环境保护势必会受到公司的重视,届时,公司社会责任在我国的发展将会更加成熟。因此,环境保护也是经济能够发展下去的关键。公司必须在这一点上面做出很大的改变,主动地将公司的社会责任意识融入战略发展中去,公司才能更好地发展。

基于对社会责任的承担并不是消极地当作是公司的一种负担,而是将社会责任意识融入公司的发展战略中去,把承担社会责任的成本作为提高公司竞争力和可持续发展的投资。① 总之,对于公司社会责任的发展要求公司必须从战略的高度上认识这一问题,将其作为公司发展壮大的必然手段。很多国外公司都已经将公司社会责任视为一种战略,他们将公司社会责任融入公司的制度设计、公司治理等环节当中。从而使得公司每一项与公司社会责任相关的事务都能与公司的战略发展方向相符,确保了公司社会责任与公司长远利益的高度统一。

事实上,公司履行社会责任有利于公司打造社会责任竞争力,获取竞争优势以及长远.持续的战略利益。从公司获取内部竞争力来看,主要有以下两个方面:首先,公司社会责任要求公司

---

① 王凯,黎友焕.国内企业社会责任理论研究新进展[J].WTO经济导刊,2007(1).

重视环境保护。公司是资源和能源消耗量最大的社会组织,因而也是污染物排放量最大的社会组织,公司的经营行为对全球环境质量的好坏起着决定性的作用。① 而公司在履行对环境的责任时,也能够提升自身的创新意识。这是因为公司要尽可能地减少对环境的污染以及减少原材料的使用,以最少的资源创造最大的利益,这就要求公司重新设计工艺,通过技术改造减少原材料和能源的消耗。公司在进行改造的同时也提升了开发能力,优化了产品设计,而员工的创新能力也被提高。当其他公司仍在使用旧的生产方式时,履行社会责任的公司便能脱颖而出。其次,公司社会责任要求公司要注重员工的权益,公司为员工提供良好的工作与生活环境有利于提高员工对公司的忠诚度以及凝聚力。

公司的成功离不开员工的作用。公司通过履行社会责任一方面使得员工感到被尊重和被信任,形成良好的公司文化。另一方面也能增强员工的归属感和满足感,提高员工的工作效率,而公司的经济效益也能因此提升。从长期看,降低公司运营成本。短期内,公司社会责任从一定程度上增加了公司的负担,比如公司必须投入成本改善员工工作环境,开发新技术降低环境污染等。但是,从长期来看,公司社会责任有效地降低了公司的运营成本。在员工方面,由于承担社会责任的公司在社会上树立起比较好的形象,便能吸引到更多的人才,减少人才流失带来的损失。在生产经营方面,公司保护环境的新技术一旦成熟,便能通过降低废品率、防止污染排放等来降低生产成本。②

而从公司的外部效益来看,有以下两方面的优势:第一,公司通过履行社会责任能提升社会形象,吸引顾客,提高市场占有率。一个有社会责任感的公司凭借其良好的公司形象,会赢得更多顾客的信任和支持。③ 随着经济的发展,现代消费者越来越重视"绿色产品"消费,只重视各人利益发展的公司已经不符合消费者的

---

① 黎友焕,郭文美.中国如何加快企业环境责任履行[J].世界环境,2009(2).

② 聂禄玲.企业社会责任与企业战略选择[J].商场现代化,2007.

③ 黎友焕.企业社会责任理论研究[M].广州:华南理工大学出版社,2010.

要求,公司要想长久持续地发展下去,就需要满足消费者的需求,保护环境,为消费者提供高质量、安全的产品和服务。事实上,履行社会责任的公司更能使消费者信任,消费者对其产生了信任度,吸引更多的顾客,使公司获得更大的市场份额,创造更多的价值。第二,承担社会责任的公司更容易获得政府政策的支持。公司承担社会责任能够促进公司与政府之间的良好关系。公司遵守社会责任,遵守法律法规,这样就会得到政府的认可,建立牢固的相互关系。政府也会在公司遵守社会责任的时候得到政府的优惠与补贴。①

二、基于公司社会责任的战略管理

在社会快速发展的今天,公司要想取得成功就要将公司社会责任纳入公司的战略管理中去,从而能够推动公司战略管理的进一步完成,实现公司利益与社会利益双赢的状态。虽然现在越来越多的公司重视社会责任的重要性,但是在其融入公司战略的过程中,仍然对执行社会责任方向上产生了一定的误区,这就要求公司在对社会责任的认识上加以正确理解,促进公司的长久发展。

(一)承担公司社会责任完善公司战略管理

公司承担社会责任是公司战略管理的一种手段。首先,公司战略与公司社会责任之间有着共同的关注点,就是在公司内部与外部环境现有的资源下,通过各种途径实现公司的可持续发展。公司的战略管理的最终目的是公司获得最大的利益,要求公司要适时分析环境的变化,以利益为中心,运用公司的一切资源,实现公司短期以及长期目标。公司社会责任便是公司运用这种战略性思维的手段,它并不是公司无条件地承担额外的义务,而是公

---

① 聂禄玲.企业社会责任与企业战略选择[J].商场现代化,2007.

司的一种管理方法。公司在承担社会责任时,往往会遇到短期利益与长远目标之间的矛盾,这就要求公司权衡二者之间的关系。因此,公司履行社会责任是公司为了长远的战略发展,二者之间有着一致性。

其次,公司承担社会责任是对内部环境与外部环境的重新整合,对公司的战略发展具有重要的意义。一方面,公司外部环境是公司战略实施成功的重要基础,公司必须对外部环境的变化进行预测并加以利用,才能获得发展的机会。另一方面,公司要实现战略目标,关键要靠公司内部资源的相互配合,公司社会责任的履行对优化公司内部子系统具有重要的意义,它认为公司利益最大化并不能使社会效益最大化,公司必须注重股东利益、环境保护、员工利益以及消费者利益等。相比较公司战略目标,公司社会责任的范围更广,更加系统化,是对公司战略的补充。

(二)将公司社会责任融入公司战略应注意的问题

公司领导人实施公司战略时必须充分认识到承担公司社会责任的必要性以及重要性,将其纳入公司的战略框架中,并在此基础上建立公司文化,将公司社会责任理念灌输到公司的所有员工当中。公司在融合社会责任制定战略时必须注意以下几个方面。

1.正确对待社会责任

公司社会责任在我国的发展时间还不长,很多公司对其理解还存在一定偏差,比如,将公司社会责任与慈善事业画等号;或者认为公司社会责任只是增加公司负担,不能带来任何经济效益等,这种思想必然影响公司履行社会责任的效果。因此,公司必须认清社会责任的内涵,改变公司将公司利益和社会利益视为一种零和博弈的观念。

2.应履行与自身特点相适应的公司社会责任

公司履行社会责任必须投入一定的成本,而公司的资源是有限的,如果要求公司履行全部的社会责任,必然会对公司造成负担。特别是由于我国大部分公司是中小型公司,更加不可能承担起全部的社会责任,这就要求公司根据自身的资源条件以及特征,有针对性地承担公司社会责任并将其作为公司战略。

3.公司承担社会责任要支持公司战略的发展

无论是属于经济行为的社会责任,还是属于公益行为的社会责任,都应当与公司战略管理的长期目标相一致,使公司在追求竞争优势的同时,获取社会利益和经济利益。公司履行社会责任如果不支持公司的战略发展,便会扰乱公司战略的实施,对公司的长远发展造成阻碍。

三、公司社会责任与公司战略相互作用

公司社会责任与公司战略之间存在作用与反作用的关系。一方面,公司制定公司战略便是决定公司要采取什么样的方法、通过什么途径引导公司的发展,实现公司的目标。成功的公司之所以能不断发展,便是由于这些公司有着正确的发展战略。成功的公司不仅是"经济人",而且是"社会人",他们在制定和执行公司战略时,不仅要考虑公司自身的生存与发展,而且要考虑公司外部相关者的利益。这个时候,公司社会责任便通过左右公司的战略性思维决定了公司的战略。如,公司的利益相关者是公司社会责任的重要内容,同时也是公司实现战略目标的重要载体。公司社会责任影响外部利益相关者是基于合作原理、持续创造原理以及复杂性原理。外部利益相关者①是竞争环境也即竞争优势的来源之一,影响着公司战略的成败。

---

① 外部利益相关者是指那些外在与组织、跟组织的绩效和战略成功存在利害关系的团体。

(一)合作原理

外部利益相关者可以通过和公司合作来满足他们的需求,企业家和管理者一起工作,维持和顾客、供应商、金融家和社区机构之间的交易和关系。每个团体对公司工作的支持,对公司战略的成功都十分重要。

(二)持续创造原理

公司是一个持续创造价值的源泉,在价值的激励下和利益相关者合作,创造出新的价值。

(三)复杂性原理

该原理认为,人是复杂的,具有许多不同的价值观。人有时是自私的,有时又会为了他人的利益而行动。基于上述原理,外部利益相关者能通过影响公司竞争环境、竞争优势和竞争标的来影响其战略的成败。

另外,公司战略一旦成熟,便反作用于公司社会责任,要求相应的公司社会责任与之配合。"我国的四川长虹将振兴中国的民族工业为己任作为自己的战略"[①],该公司将这种思想灌输到公司每个员工的心中,使得公司上下主动关注社会责任,而公司的社会责任行为也受到这种战略思想的影响。

四、承担社会责任对公司可持续发展的实践意义

公司社会责任建设与公司可持续发展在内容上、伦理指向上是一致的,而且公司社会责任建设还构成了公司可持续发展的精神力量。公司积极、主动地承担社会责任有着重大的实践意义。

---

① 禹海慧.基于战略性思维的企业社会责任思考[J].商场现代化,2007.

(一)公司履行社会责任有利于增强公司竞争力

公司的竞争力是公司能否发展壮大乃至生存的关键。公司积极地履行社会责任,首先,能够获得股东进一步的投资和债权人的融资,为公司的市场竞争获得资金支持;其次,由于公司承担起保护环境和节约资源的责任,也为公司自身的发展提供了环境和资源上的保障;最后,公司改善劳动环境以保护劳工权益,可提高员工的长期忠诚度,充分发挥员工的主动性和创造性,大大提高劳动生产率,为公司的市场竞争提供人力支持。

(二)公司履行社会责任有利于改善与各方的关系

当今公司的经营环境已经从传统的单向循环环境转变为受公司利益相关者影响的多元环境。社会问题单靠政府的力量已经无法解决,如果社会问题不能得到解决,公司的经营环境定然受到影响。公司履行社会责任,协调好与利益相关者之间的关系,必将减轻政府的负担,得到政府的支持,提高公众对公司的信任度,使公司能在一个和谐的经营环境中可持续发展。

(三)公司履行社会责任有利于树立良好的公司形象

公司承担一定的社会责任,短期内虽会给自身的经营带来一定的影响,但有利于公司追求长期利润的最大化。因为社会的参与能为公司树立良好的公司形象,向社会展示一种企业家的使命感和责任感,展示公司有一支讲究奉献精神的员工队伍,这些都是公司的无形资产,可以赢得社会广大消费者和投资者的认同,并最终给公司带来长期的、潜在的利益,这足以支付承担社会责任的成本。大卫·威勒和玛丽亚·西兰葩(David Wheeler & Maria Sillanpaa,2002)研究发现,即使是在英国和美国,在20世纪大部分时间里,实行利益相关者纳入、考虑社会利益的公司,在经营绩效上要比奉行"股东至上主义"的公司更胜一筹。我国的一些上市公司,如海尔、华为、春兰等正是因为注重其公司社会责任而业绩蒸蒸日上。

(四)公司社会责任是公司长期的有效激励机制

公司获得发展的内在动力来自几个方面：对先进科学技术的掌握和运用，公司的经营管理水平，职工的劳动积极性。公司社会责任要求公司注重创新责任、经济责任和员工责任，可见公司要想获得可持续发展，履行社会责任将获得长期有效的动力。以员工责任为例，在新的现实条件下，形成公司管理者和劳动者之间的共识，是公司激励机制得以建立和运行的基础。公司社会责任作为一种激励机制，对公司管理来说，是一场新的革命。

第五章 公司社会责任与利益相关者

从前文对公司社会责任的讨论可以看出,公司社会责任本质就是公司作为一个独立的法人在产品生产和销售的过程中,因为产品的外部性问题而需要承担的一系列社会义务。公司的产品是和公司内外的多个主体同时相关的(也就是公司的利益相关者)。公司要完整履行自己的社会责任就必须要使自己的活动能够满足这些利益相关者的要求。从这个角度出发,公司的社会责任的本质就是利益相关者之间的契约。

第一节 企业社会责任:利益相关者之间的契约

一、企业社会责任由来的再探讨

针对社会责任,学术界实际上是存在着广泛争议甚至是相互对立的观点的。从支持企业社会责任的学者的角度来看,企业社会责任是广义的,体现为企业作为社会利益的获取者必须要为其利益获取活动承担必要的社会损失补偿。这种观点的代表者是卡罗尔。卡罗尔认为企业的社会责任包括多个方面,既有企业的经济责任和法律责任,也有企业的道德责任和慈善责任等。从政治经济学的观点出发,企业为了获得一定的利益,利用了很多的社会资源,并且为社会的发展带来了一些正的或者负的外部性。在法律和市场不完善的情况下,企业不必为负的外部性的活动付出任何代价。然而这对于其他经济主体来说却是不公平的。为了实现社会的经济公正,企业必须要为自己的活动付出一定代价。也就是说,企业要承担一定的社会责任,以抵偿其负外部性活动给社会带来的损害。由此来看,企业的社会责任包括多个方面,不仅仅是经济责任、法律责任,还有道德责任和慈善责任。

从上述的讨论当中还可以看出另外一个问题,就是企业的社会责任和企业追求自身利益最大化的活动之间存在矛盾。企业进行产品管理和销售活动的根本目的是为了实现自己的利益最大化。而承担社会责任则要在已有成本的基础上增加新的成本,损害自己利益最大化的目标。在企业社会责任观念进入中国之时,一些中国厂商被迫要求改善工人的工作环境和提高工人的工作待遇,同时还受到来自上游厂商价格的打压。一些中国企业家对此就很不理解。从企业发展的长远角度看,企业的社会责任活动实际上是对企业有利的。良好的社会责任管理活动能够为企业的发展带来一定的声誉。企业能够在这个基础上扩大自己产品的销量、招徕更好的人才、实现更好的管理。因此,对于企业来说,必须要实现社会责任和自身利益最大化目标矛盾的协调处理,以达到利用社会责任实现企业发展的目标。

二、企业社会责任的层级

既然必须要对企业社会责任和企业利益最大化目标之间进行协调,企业就必须要在管理之中分出轻重主次,将目标安排分为不同的层次,对不同的目标进行协调管理。在这个理念的基础上,企业必须要对不同种类的社会责任进行分层。在第二章,本书对卡罗尔的社会责任分层理论有所论述,这里展开更为详尽的研究。

再次把第二章的图 2-1 引用过来,如下图所示。

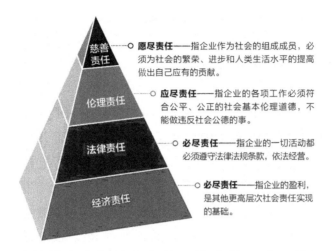

最基础的社会责任是企业的经济责任。对于任何一个企业来说,其首要目标都是实现自身利益最大化。对于企业履行社会责任的能力来说,企业要履行社会责任必须要有一定的经济基础。对于利益相关者来说,企业要为他们的利益实现妥善安排,首先必须要有一定的利益。从这几个角度来看,企业的经济责任对企业来说都是最为基础的,其满足了企业进一步发展的需要。其次,企业的社会责任则是法律责任。所谓法律责任就是指企业的经营必须要合规。企业必须要尊重社会现有的制度规则,不能超出这个范围影响到其他经济主体。从这个角度来看,企业的法律责任则是企业开展其他社会责任的基本要求。企业的法律责任其实对于企业的社会责任已经做出了非常全面的要求。各国法律都会对企业的经营活动做出相关的规定。例如,对于政府,企业必须要依法纳税;对于员工,企业必须要按时给付工资;对于居民,企业不能因为生产而损害到他们的利益;对于同行,企业不能采取非决的恶性竞争行为。再次,企业社会责任表现为企业的伦理责任。企业的伦理责任是对企业社会责任更为宽泛的一个定义。从现有的文献来看,企业的伦理责任主要体现在企业在其经济运行的过程中要遵守社会基本的道德伦理规范,满足社会其他主体对于社会事务的基本道德要求。例如,企业必须要诚信,不做过分的虚假宣传,采取的社会活动必须保持公平和正义。更为高深地说,企业决策行动要以满足社会发展需要和服务人类社会为标准,要以追求人类社会与自然的和谐为目标。最后,企业的社会责任则表现为企业的慈善责任。慈善对于一个企业来说并不是必需的。从上文的讨论之中也可以看出,企业经济活动的外部性已经在经济责任、法律责任和伦理责任的层面对于社会有必要的补偿。而慈善责任则要求企业利用自身责任将一部分利益让渡给社会,对社会生活有一定困难的群体给予支持。

上述对企业社会责任的划分虽然不甚具体,没有将社会责任的所有类型都容纳进去,但是却代表着企业社会责任的不同类型。从经济责任、法律责任、伦理责任和慈善责任对于企业和社会的意义来说,这四类责任分别代表着企业的基础性(生存性)责任、合规性责任、发展性责任和辅助性责任。几乎企业的所有社会责任都能够容纳进去。

三、企业社会责任的契约论探讨

从社会契约论的角度来看,企业社会责任就意味着企业同一些利益相关者签订了社会契约。如果从契约论的角度去探讨企业社会责任,企业的社会责任将会得到更加深入理解的意义。

从社会契约角度去探讨社会责任的首创者是斯蒂纳。这个理论指出,企业的社会责任可以反映和加强社会价值观。企业在自身的决策和行动中使用社会契约规则,可以在不同的利益相关者中间构造一个微型社会。这种理论暂时忽略了公司的短期利益,提倡公司的社会决策应将自身利益与社会利益放在同样重要的位置上。这种理论主张给企业的社会责任研究提供了一个新的视角。这种理论认为,社会其实赋予了企业一种职权,可以使企业将资源有效地转化成为社会所需求的产品,社会也会给予公司必要的权利,使其获得投资回报。

唐纳森在分析了公司同其他主体之间的合作协议之后,大致地为企业构造了一份社会契约,具体地说明企业在生产产品的过程中应负什么样的责任。随后,唐纳森又将这种模式推广到全球,为跨国公司的社会责任制定确定了一个社会底线。也有很多学者开始运用社会契约论解决企业所面临的问题。唐纳森在与他人合作的一本书中还指出,除了明显的社会契约之外,企业与社会其他主体之间还存在着一种隐性的契约。这种隐性契约的核心就是企业应承担的社会伦理责任。作为一个主体,企业在成立之时就面对着众多利益相关者的利益分配问题。而随着社会和企业的不断发展,企业针对不同利益相关者之间的利益分配也是不断变化的。为了解决不断变化的问题,诺尔曼·鲍威(Norman Bowie)将社会契约和经济事件联系在一起,对企业和社会之间的契约做出了简略的描述。大卫·葛迪尔(David Gauthier)则运用经济合理性的概念对经济实践进行分析,企业与社会的契约在本质上就是企业和利益相关者之间达成的一种假设的协议。迈克尔·凯里(Michael Kelly)则又对社会契约提出了渐进的组织理论,指出企业本身就是有关社会规则的类似契约组成的协议集合体。

四、利益相关者的社会契约表现

从以上的论述可以看出,企业不同的利益相关者在不同层次的社会责任的角色是不尽相同的。也就是说,利益相关者的社会契约责任在不同方面表现不同。从卡罗尔的社会责任层级理论出发,本书对利益相关者的社会契约责任做出经济责任、法律责任、伦理责任和慈善责任四个方面划分。

(一)经济责任

从上文的论述中可以看出,经济责任是企业发展的基础。作为一个经济主体,企业同绝大部分的利益相关者存在着经济责任关系。企业在进行经营活动的同时,还应满足不同利益相关者的经济责任要求。从科斯的企业理论出发,企业的基本职责是实现资源的最佳配置，以在未实现资源最佳配置的市场上获取利润。亚当·斯密则将这个过程视作企业实现社会利益最大化的过程。对于各个利益相关者来说，他们也是自利的。他们将自己的资源交给企业进行管理，目的就是为了通过企业这个机构实现自身资源的最佳配置，促进社会利益的同时也为自己获取最大化的利益。因此，作为企业，它必须要给予不同的利益相关者以必要的资源回报，以满足他们的要求，使得他们能够将资源持续向企业注入。由此来看，企业应是不同利益相关者提供资源并进行组合的一个平台。平台通过公平的价格交易活动实现运行。当然这种公平是在不断发生变化的。在公平的社会条件下，从企业内部来看，企业必须要能够做到效率的提升，并且考虑到对整个社会经济效益的贡献。

由此来看，作为一个平台，企业应当让众多利益相关者认识到自身在资源配置过程中的优势，让他们看到自有资源投入以后能够获得超过社会一般水平的回报。利益相关者在这个基础上才愿意将尽可能多的自有资源投入到企业平台之中。

通过以上的分析，可以看出，利益相关者理论所论述的经济责任本质上就是不同利益相关者通过企业这一平台将自有资源联结起来，通过契约配置实现自身利益的最大化。企业的经济责任也不仅仅应该是实现股东利益的最大化，而是应该通过一个公平合理的收益分配手段实现不同利益相关者的公平报偿。

（二）法律责任

从以上的论述可以看出，法律责任是企业的合规性责任，是企业在经营活动中的强制性义务。虽然上文将经济责任和法律责任划分为不同的层次，但是在实践中，法律责任和经济责任是难以有效或者精准区分开的。本书仍旧遵循着学界的规律将法律责任视作一个独立的社会责任组成部分。

在利益相关者理论的视角下，企业的法律责任已经从过去财务学视角上的保障股东利益，转变成为政治经济学视角上的保障利益相关者的利益。也有越来越多的经营者认识到了这一点。经营者开始将法律责任容纳到不同利益相关者之上,对社会、对政府、对员工都要做到有一个满意的交代。

延续上述的讨论,从契约论的角度来看,企业的法律责任转变成为保障不同利益相关者的权益不仅是经营者视角的转变,更是不同利益相关者权益观念的提升。以我国为例,随着依法治国观念的深入,人们的法律意识逐渐觉醒。人们之间的交往也越来越重视法律的作用。作为一个有不同利益相关者参与的平台,不同的利益相关者受到法律意识的影响,必然会认识到自身资源投入以后的权益保障,也就是法律赋予自己的权利。企业只有意识到这一点,才能在最大限度上实现资源的组织,实现不同利益相关者的利益。从这一点出发,利益相关者的资源投入契约还应该是一个法律契约,不同利益相关者在企业平台上运作的时候应能够做到不伤害其他利益相关者的正当权益,并保障他们的利益。只有这样,这个平台才能持续下去。

(三)伦理责任

从上文对卡罗尔社会责任层级的理解来看,企业的伦理责任范围更大,超出了企业的经济责任和法律责任范围。这些责任不是企业必须承担的,而且有极大可能不给企业带来利益回报。从法律和伦理的关系来看,法律责任和伦理责任存在一定的重叠部分。法律责任往往是对企业的最低要求,而伦理责任则要求得更为宽泛。

从企业的运行来看,企业必须是一个遵守伦理责任的组织。一方面,企业的伦理责任往往是一个企业形象的组成部分。具有一定伦理责任意识的企业往往能够实现更好的发展。很多企业也意识到这一点,往往愿意主动承担伦理责任。

延续上文对利益相关者法律责任的思路来探讨利益相关者的伦理责任是非常有益的。人们应该意识到利益相关者并非一个独立的群体,而是一个社会性群体。他们的观念并非仅仅受到法律和经济的影响,还要受到政治的和文化的观念影响。可以说,利益相关者是一个复合人。他们在做出决策的时候必须要考虑到社会观念的影响。如果自身的决策影响太坏,那么决策的过程就有可能会受到一定转变。利益相关者之间也要考虑到决策的伦理道德影响。他们必须要形成共同的伦理基础,也就是所说的伦理契约。在这种观念的影响下,企业这一经济组织才会有长远的发展。

(四)慈善责任

从上文的论述中可以看出,慈善责任是企业的一种辅助性责任。在共同的伦理道德责任基础之上,利益相关者能够形成一种道德共识,或者说是价值观共识。企业的利益相关者群体在这个观念的基础上认识慈善是否是必要的,如果是必要的,那么慈善活动的主要方向应该是什么。在得到利益相关者的一致性认可之后,企业的慈善责任才可以得到顺利开展。从这个角度出发,企业的慈善责任本质上是不同利益相关者的慈善契约。米尔顿·弗里德曼认为企业的慈善责任剥夺了企业所有者的慈善权利。其实这种观点有失偏颇。从上文的论述可以看出,企业并非股东这类所有者个人的企业,而是多种资源集中起来的平台。所有者投入的资源不过是原始的资金。其他利益相关者也有资源的投入。员工投入了劳动,政府投入了基础设施,债权人则为企业的发展添了一把火,邻居则让渡了自己一部分环境权利。在这个观念基础上,企业的慈善责任实际上是代替所有利益相关者行使的一种慈善责任。

从以上的论述可以看出,企业的各项社会责任在本质上是企业作为一个社会平台不同利益相关者之间就一些重大方面形成的契约。这些重大方面主要有企业的经济、法律、伦理和慈善。这些方面对于企业来说产生着重要的影响,将会直接作用于企业的未来发展方向和发展潜力。就我国而言,不同利益相关者的权利意识正在觉醒,企业将会逐渐从过去的所有者权利责任确定转变成为利益相关者权利责任确定的模式。

第二节　股东、利益相关者与企业价值最大化

从以上的论述可以看出，不论是从什么角度来看，企业的根本职责都是在现有规则的约束之下，实现利益的最大化，并且将这些利益分给利益相关者，使他们的投入有所回报。但是，股东、利益相关者与企业价值最大化目标是有一定冲突的，下面具体展开论述。

从股东的角度来看，企业的价值是通过资源的投入实现自己的利益最大化。这是股东作为一个自利者所具有的基本理性常识。股东对于企业的信息掌握并不全面，他的目标是尽快收回投资的成本。因此，在税收净利润之中，股东希望公司的股利政策越倾向于自己越好。这样，股东在公司的现有状态之下便能实现自身利益的最快收回。

从利益相关者的角度看，企业的价值是通过自身非货币资源的投入，实现自身利益的最大化。例如，员工投入一定的智力与体力资源，目的就是希望通过公司这个平台获得更多的劳动报酬，超过市场平均的收入水平。员工会在现有的企业规则引导之下，采取一定的策略争取自己的利益。对于其他利益相关者，如消费者、社区等，则会借助法律责任和伦理责任的手段向公司要求归属于自己的利润。公司通常也会考虑。这种状态对于股东的价值和公司的发展来说，肯定会产生影响。利益相关者群体所收获的利润越多，股东和企业所留存的资源就越少，其利益最大化的目标就越有可能受到威胁。

从企业的发展来说，企业的高层管理者，希望自己能够掌握一定的留存收益，为公司的发展服务。一般来说，高层管理者掌握的留存收益是越多越好。而尽可能多的留存收益会影响到股东以及利益相关者的利益。

从以上的论述可以看出，股东、利益相关者和企业价值最大

化存在一定的矛盾关系。矛盾是绝对的,同时也是相对的。矛盾双方的斗争可以促进双方的互相消灭,也可以促进双方的相互利用。对于股东、利益相关者和企业价值来说,只要高层管理者能够妥善对三方利益进行安排,三方就能够同时获取利益最大化。

第三节 公司与利益相关者间的利益冲突与平衡

与利益相关者相对的一个概念就是"搭便车者"。公司在解决利益相关者问题的同时,必须要注意到搭便车者的存在。换句话说,公司必须要妥善安排活动,协调股东、利益相关者和企业价值,实现三者矛盾的协调。

一、确定重要利益主体的利益范围

(一)股东的利益范围

在市场经济的条件下,公司与股东的关系本质上是企业和投资者之间的关系。企业的内部关系正是围绕这个搭建起来的。股东向企业的发展注入了原始的资金,承担了企业未来发展的主要风险。企业的股东理应享有承担风险之后的收益。因此,股东对于企业的发展非常关注,他们对于收益的大小、公司的经营状态以及未来的发展方向非常关注。

企业要实现内部关系的改善,首先就要在这个基础上进行改善。企业必须要维护股东的权益,保障股东的利益。这是安排股东、利益相关者和企业关系的基础。这种做法要排除传统的股东至上论思维的影响。传统股东至上论认为维护股东的利益是企业的首要责任。然而在利益相关者理论的影响下,企业必须要注意到股东之外的其他利益相关者。

在金融市场发展的影响下,股东的身份开始变得大众化和多元化。传统的股东通常是企业的共同所有者。而在金融市场上，人们的投资方式逐渐变得多元化。人们开始使用多种风险规避方式降低投资企业的风险。同样，对于企业来说，企业的股东也开始变得越来越分散。散户和机构投资者开始成为企业的主要股东沟通群体。而在这种方式的影响下，企业对于股东的责任也开始转变成为企业对于社会的责任。

(二)员工的利益范围

员工是仅次于股东的企业风险重要承担者。虽然员工和企业是雇用和被雇用的关系。但是随着社会分工的专业化，员工的生产和管理技能越来越专一。其在社会发展中，被替代性越来越小。一旦企业发展出现困难，他们转换到别的行业或者公司就存在非常大的困难。而且，受消费齿轮效应的影响，员工不可能较快接受收入的下降。他们只有将自有的劳动和智力资源投入企业的运营中。对于这一点，社会上已经取得了相当的共识。企业发展必须要对员工负有一定的法律责任和道德责任，在法律和道德层面上保障员工的基本利益。

由于员工人力资本对于企业发展的特殊作用，企业必须要重视员工，尊重员工、善待员工，保证员工健康的从业环境、合理的劳动报酬以及其他方面的权利。因此企业必须要建立一定的激励机制，刺激员工工作的积极性，使员工为企业的发展做出最大程度的贡献。

作为一个重要的利益相关者，员工有权利参与企业管理，有权利参与到企业的重大事务决策之中。一些企业认识到这一点，已经将这些权利转变成为具体的表现，发行员工股份，将员工捆绑到企业的利益集团上。这种做法在尊重员工权益的同时还将企业的利益和员工进行分享，对于刺激员工的积极性产生了重大作用。一些企业还在不断进行管理创新，创造新的方式革新员工的激励方式。

(三)消费者的利益范围

从道德和利益关系的角度上讲,人们愿意成为企业的消费者,是代表着人们对于企业产品的信任。对于企业来说,社会上所有的人都有可能成为企业产品的消费者。不同的消费者购买和使用了企业的产品,把企业的产品影响传递到社会的各个角落之中。传播企业产品信息的同时就是在传播对于企业产品的信赖。而这个信赖传播得越真实、越广泛,企业利润的最大化目标实现起来就越容易。

信任的反面是虚伪。消费者在传播针对企业产品的信任关系的同时,还会传播企业产品虚假宣传的信息。对于一般企业来说,消费者认定企业存在虚假宣传,本质上是因为消费者对于企业的产品存在一定的误会。根本上是因为,企业没有在消费者权益维护上下足功夫。因此,在消费者的利益范围划分的问题上,企业必须要保证消费者的充分知情权和产品选择权。一般情况下,企业需要在以下两个方面入手。

第一,企业要向消费者提供安全可靠的产品。产品安全可靠是企业产品责任的基本体现。从消费者的角度上看,产品安全可靠的表现就是能够满足消费者对于产品的物质和精神需求。如果企业不能满足消费者对于产品的这两项需求,反而还有可能伤害到消费者的人身和财产安全。企业怎么可能获得消费者的信任呢?

第二,企业针对消费者的第二个责任是尊重消费者的知情权和自由选择权,使消费者明白产品是对他们物质和精神需求的有限满足。任何一个企业的产品都不可能全面满足消费者的各类需求,只能是有限地满足消费者的物质和精神需要。针对于此,企业必须构建一个完善的产品说明书,说明产品的情况,使消费者在充分知情的情况下购买本公司的产品。企业如果片面夸大产品的功效,实际上就是一种对待消费者不公正的行为,对消费者不够负责任。

(四)社区的利益范围

企业和社区之间是相互促进且不可分离的。企业的生存与发展离不开社区提供的一个和谐安定的环境。孔茨曾经认为企业必须要成为社区活动的积极参与者,对社会环境的变化做出及时反应。企业存在于社区内,其活动为社区的稳定提供了重要的动力。反过来,美好的社区环境也给企业发展提供了大量的人才,为企业发展提供了有利的条件。

企业积极主动参与社区建设活动,一般来说,就是利用自身在资源上的各种优势为社区的发展出一把力。从社区的构建来看,构建社区的良好环境,一般包括扶持社区的文化教育事业,吸收社区人员就业,帮助社区无家可归人员,等等。企业所做出的这些社会构建努力,能够为企业在社区赢得良好的口碑,间接地为企业发展增添助力。

(五)自然环境建设的责任范围

人类和自然环境的发展是鱼和水的关系。而企业则是人类社会这缸水中的鱼。人类的发展受到自然环境的制约。人们已经认识到自身对于自然环境的重要作用。而对于企业来说,企业必须要从人类发展的角度去保护自然环境。从当前的企业行为来看,企业的商业行为对于自然环境产生了较大的负外部性,影响到其他主体的生存与健康。因此,对于保护自然环境来说,企业有不可推卸的责任。

各国政府都认识到企业在这方面的行为与责任,相继出台了许多环境方面的法律法规,要求企业在处理环境问题时能够按照规章制度办事。随着社会发展水平的提高,消费者的自然保护意识也在不断增强。保护自然资源已经成为消费者的一种道德心理需求。因此,满足消费者的这种需求也就逐渐成为企业产品责任的一部分。

基于以上两点认识,企业必须要树立人与自然相和谐的产品与企业运营价值观。在产品设计研发之初,要充分考虑到其自然影响,必要的时候应做出环境危害评估,彻底摒弃传统的"先污染,后治理"模式。

从企业管理的角度看,企业要运用绿色审计的方法,充分考虑企业的未来发展。绿色审计是把环境因素作为企业管理的一个重要方面,衡量企业环境管理绩效的高低,主动将环境影响视作企业管理的一个环节。

二、股东、利益相关者和企业价值协调的模型

从上述利益相关者的社会契约表现来看,企业是一个平台,本身不涉及任何利益,所要做的工作就是要协调上述利益相关者的利益,并且为企业的存在和长远发展奠定基础。

企业是为利益相关者的利益实现服务的。而所谓各个利益相关者之间的协调,本质上就是公平自由博弈的一个均衡结果。这个均衡状态之下,每一个利益相关者的利益都能得到暂时性的满足。从博弈的角度来看,利益相关者之间的活动本质上是合则两利、分则两害的,与博弈论之中的囚徒困境模型较为相似。但不同的是,各个利益相关者能够理解这一点,在长期的动态博弈过程中必须要对不同的利益相关者进行让步,在这个基础上实现不同相关者的利益安排。不遵守活动规则的利益相关者往往是打破均衡的一个重要契机。不同的利益相关者根据自己利益的需要,有可能会做出超出常规的举动,影响到其他利益相关者的利益。各个不同的利益相关者在企业这个平台上则会做出与以往相似的安排,实现新的均衡。

从这个角度出发,假设各个利益相关者是在公平、公正、自由而且理性的环境下展开博弈。那么对于不同的利益相关者群体来说,他们会产生以下方面的活动。

不同的利益相关者对于自己的利益要求有清晰的了解,并且明白企业所需要用多少资源投入满足自己利益要求的投入水平。

在这种情况下,势必会对其他利益相关者造成一定的利益损害。他们希望在博弈的过程中获得最大程度的满足。在这个假定之下,企业处于一系列多边关系的中心。企业必须要对不同的利益相关者进行排序,顺次满足不同利益相关者的利益要求。一般来说,这种排序是按照经济责任、法律责任、伦理责任和慈善责任的顺序进行排列。企业会从自身的发展以及不同利益相关者的竞争均衡获取安排的不同顺序,将它们的利益确定下来。

从利益相关者的竞争均衡结果来看,不同的利益相关者会根据自己的需求确定参与竞争的策略以及程度。承担主要风险的利益相关者所采取的策略和程度往往会最为激烈。而次要风险的竞争者所采取的行动不会特别激烈。举例来看,在股东和员工之间,大股东往往会采取相对较为强势的策略,因为他的利益与公司的发展紧密相关,而且具有一定的领先优势。公司的高层管理者也会非常关注企业的日常发展状态。因为公司一旦倒闭,高层管理者再要获得如此高薪酬的职位存在一定的困难。为了自己的利益他不得不与股东展开一定的竞争与合作。高层管理者和大股东之间的协议往往决定了公司的社会责任协调模型的基础。之后,高层管理者将会围绕协议,实现高层和大股东的利益最大化。这一系列的安排必须是基于法律责任和经济制度的约束。公司的其他员工、消费者和社区通常会基于相应法律和制度同高层管理者和大股东展开新的博弈。这是利益相关者博弈的第二个层次。员工、消费者和社区通常也不会联盟,而高层管理者和大股东则会。这就凸显出不同博弈群体实力的不均衡。一般化的公司往往会仅仅基于法律与这些相关利益者群体展开博弈,只会给这些相关利益者群体一般性的利益安排。而一些具有远见的公司则通常会利用这个博弈活动,刺激这三类群体为公司的发展服务。

这个具有不同层次的利益相关者博弈过程前提是公司的存在与正常发展。只要公司能够存在,这个博弈过程就会持续下去,即便是在战争状态中。当然战争状态下的博弈规则将会产生大的改变。博弈过程中的弱势群体会失去法律的保护。军警和强权则有可能参与到公司的博弈过程之中。动态的连续博弈规则指示利益相关者群体的博弈将会在不同的群体中间持续进行博弈,从而产生博弈均衡。

第六章　公司社会责任落实与公司运营体系

将社会责任落实在公司的运营之中,并且传播出去是公司社会责任进入高级化和日常化的一个表现。对于公司的发展来说。公司社会责任的运作必须要进入这个阶段。从公司的运营来看,公司社会责任落实在运营体系之中可以有三个表现,分别是产品管理、品牌化、社会沟通。

第一节　公司社会责任概念下的产品管理

"产品管理"(Product Stewardship)一词通常是指产品导向型的环境管理方法。在公司社会责任的框架下,产品管理是公司要解决的一个重要议题。产品管理背后的关键原则是"生命周期理念"——考虑产品在其整个生命周期中所造成的影响,以及不同利益相关方在管理这些影响时的"共同责任"。但其中一个问题是:公司的具体责任通常未得到明确界定。由此,本书提供一个产品管理的框架,将产品管理的宽泛概念转化成为公司社会责任管理的一个重要组成部分。

一、产品管理在社会责任框架下的含义

在社会责任管理之中,产品管理主要包含三个方面的内容,分别是:公司产品管理中必须尽到的责任,公司应解决的社会问

题,公司对社会责任所采取的产品策略。

　　也有学者对产品管理的含义做了进一步的说明。产品管理在不同的社会责任水平下有不同的含义。从"防御"到"主动",产品管理的含义是不同的。下面是一个基于不同社会责任水平的公司产品管理水平认定模型。

二、基于社会责任的公司产品管理活动

(一)社会责任水平与产品管理活动

　　从公司产品生产到营销,不同的环节,公司通常有不同的人员对商业活动负责。一般来说,这些活动主要有管理、产品开发、生产、营销或者外部关系以及相关活动等。基于这些不同的活动,公司社会责任的产品管理水平评价如图 6-1 所示。

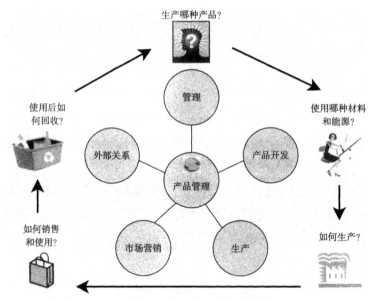

图 6-1　基于社会责任的产品管理图示

　　在不同的公司社会责任水平下,公司通常会采取不同的策略对产品进行管理,如表 6-1 所示。

表6-1　不同社会责任水平下的产品管理策略

不同社会责任水平	说明
0	防御的:不作为或拒绝
1	合规的:产品管理活动符合良好公众形象的基本要求
2	积极的:主动改良产品,解决一些基本的问题,希望改善社会状况
3	前瞻的:产品设计具有前瞻性,在改善社会状况问题上是行业标杆

(二)产品管理活动的社会责任水平考察标准

产品管理活动的社会责任水平各主要考察指标主要包括产品管理策略及目标、资源配置、产品导向型的环境管理体系(PO-EMS)、产品导向型的会计、产品的环境评估、研发、环境设计(DFE)等等。下面分别进行说明。

产品管理策略及目标:公司的产品管理策略及目标的描述可以用独立文件或者整合到更广泛的环境政策中。

资源配置:在内部建立产品管理能力,这需要合理地配置资源,明确员工职责,并构建内部专业知识体系。

产品导向型的环境管理体系(POEMS):POEMS 被描述为一个环境管理体系(EMS),因为 EMS 特别注重将生态设计系统地整合到公司的战略和实践中,以此实现产品生态效益的持续改进。

产品导向型的会计:环境会计体系能够为产品管理的规划、监督及报告提供支持。衡量指标包括生产、回收及废弃的产品数量。

产品管理报告:近年来,在环境和社会绩效报告方面,公司面临越来越大的压力。产品管理报告可以是一份独立的文件,也可以作为可持续发展报告、年度报告或公司网站内容的一部分。

产品的环境评估:产品的环境评估有助于明确产品环保设计的优先次序。它包括对产品在其整个生命周期内对环境所造成影响的评估,例如,通过应用产品生命周期评估(LCA)的各种工具。

研发:一项持续的研发项目将有助于识别研发新产品的机会,这些机会可能与材料、技术或市场创新相关。

环境设计(DFE):DFE将环境要求整合到产品开发中,以此来确保产品生命周期内所造成的环境影响最小。

供应链管理:DFE也要求与供应链上的其他组织(尤其是供应商和客户)进行一定程度的沟通和合作。有时,公司需要与传统供应链以外的组织进行合作,比如回收组织。

清洁生产:清洁生产是指通过重新设计生产流程来消除或减少废弃物和排放。

固体废弃物的回收:清洁化生产试图从源头上消除废弃物。但对于那些已经在生产过程中形成的又无法在其他过程中加以重新利用的废物,都需要进行回收。

环保营销策略:环保营销策略通常是指一种通过向具有环保意识的客户推销产品,从而提高销售量的策略,但有时也包括与公司政策或倡议相关的营销策略。

产品标签:任何营销活动都担负着一项重要任务,那就是向消费者传递产品的品牌信息,包括产品的环保属性。

产品回收:日益严重的产品废弃物问题以及日渐提高的产品回收利用的需求,二者从政治角度推动着产品管理的发展。

垃圾管理:对于那些涉及产品包装或其他室外一次性产品的公司,垃圾管理是其产品管理的另一个重要方面。

合规:国际上出现了越来越多关于产品管理的规章制度,如欧洲包装指南(EPD)。参与这些自愿性的环境项目可能是一个更好的公司社会责任指标,因为这已经超越了"合规"的要求。

咨询与教育:一些公司通过调查或其他方式来收集利益相关方对产品管理(及其他公司社会责任议题)的各种观点。公司也许会采用教育策略使股东了解各种产品管理项目。

三、产品管理实践

通过文献调查可以了解到,国际上已经有产品管理的国际实践经验。一项针对澳大利亚产品包装行业的产品管理做出的研究显示出了 Labatt 产品管理的社会责任模型应用,具体如表 6-2 所示。

表 6-2　产品管理实践的模型

	防御的(0)	合规的(1)	积极的(2)	前瞻的(3)
管理				
Ps 政策、目标	没有相关政策	公司有对 Ps 的相关承诺	产品政策中识别了 Ps 的目标、策略及合格的目标	产品政策中有明确的 Ps 目标,如100％的回收率及可持续利用
资源配置	没有关于 Ps 资源配置的任何指标	有对 NPC 过渡基金的财政支持	为 Ps 活动提供财务资源和人力资源	在运营的各个方面分配对 Ps 的责任,并且提供大量的财务预算
产品导向型的 EMS	没有专门针对 Ps 的综合管理制度	有环境政策、目标及监控制度	在一些环节(如高风险区域)有 EMS 认证	有产品导向型的 EMS
产品导向型的会计	没有可衡量产品流及目标绩效的制度	有衡量目标绩效的监控制度	有一个数据库来监控产品流及 NPC 目标和 KPIs 的绩效	产品数据库也可用于战略性分析及环境设计(DFE)
Ps 报告	没有关于 Ps 活动的公开报告	在提交给 NPC 协会的年度报告中,公开 Ps 承诺及成就	有一份环境或可持续发展报告,这份报告提供了包括 Ps 在内的更广泛的公司影响等信息	公司根据 GRl 或 AA1000 标准发布一份环境或可持续发展报告

	防御的（0）	合规的（1）	积极的（2）	前瞻的（3）
产品开发				
产品的环境评估	没有实施环境评估	对产品的环境影响做了一些研究，例如，有持续审核包装的程序	有政策和程序来确保对所有的产品开发都进行环境评估（定量或半定量的评估）	有政策和程序来确保所有产品开发中的LCA
研发	没有环境研发的开支	支付一些费用，用于减排的环境方面研发	支付一些费用，用于减少产品生命周期内对环境影响的环保研发	有充足的费用，用于开发产品或技术，使公司在研发环境改善型的产品方面处于行业领先地位
环境设计（DFE）	在产品设计过程中并不考虑环境问题	公司有关于DFE的公开承诺，应用环境标准来包装（ECoPP），并且有证据表明在环境议题方面有所改善	公司有书面的DFE政策，并且将ECoPP融入产品的开发过程中	有DFE政策和管理流程，并且有证据表明DFE管理的有效性（如减轻环境影响的产品）
供应链管理	没有将Ps供应商包含在过程中	供应商已经开始参与到Ps中，如参与到共同项目中或被鼓励去减少产品的环境影响	有环境导向型的采购政策，并从供应商那儿搜集环境信息。其他产品链中的合作方也关注Ps倡议	以环境绩效作为选择供应商的依据，如在选择供应商过程中进行问卷调查

续表

	防御的(0)	合规的(1)	积极的(2)	前瞻的(3)
生产				
清洁生产	没有清洁生产的倡议	至少有一个已在实施的清洁生产倡议	有清洁生产的公开声明,同时已实施一些倡议	公司以零排放为目标,并有相应的程序来处理及回收所有内部废弃物
固体废弃物回收	除了干净塑料物的再利用外,没有其他内部固体废弃物的回收	对一些外部部件所形成的废弃物进行再回收,如硬纸板、货板	对一些更难处理的废弃物进行再回收,如缠绕膜或有机废弃物	所有固体废物都被回收利用
营销				
环保营销策略	没有采取环保营销策略	有限的环保营销策略,如环保主张和商标	通过市场营销,销售对环境负责的公司产品	通过市场营销,推广公司在 Ps 和公司社会责任领域的标杆经验
产品商标	公司没有采用任何环保类的主张或商标,或者提出的是没有意义的或者不正确的主张	通过实施一些项目,在产品上使用提倡回收利用或防止乱扔垃圾的商标	通过实施一些项目,提出关于减少环境影响方面的清晰而详细的声明	有第三方进行产品环境效益方面的认证

续表

	防御的(0)	合规的(1)	积极的(2)	前瞻的(3)
		外部关系		
产品回收	公司没有采取任何措施来确保产品在使用结束时的回收	公司捐助NPC过渡基金会,以支持产品回收;产品可能有可回收的标识	公司主动参与行业项目,重新设计产品流程,或者通过研发为其回收的材料找到市场	公司直接再利用或至少回收部分自身的产品
垃圾管理	公司没有采取任何措施,以最小化其产品所形成垃圾产生的影响	产品上有禁止乱扔垃圾的标识	在产品设计中就考虑到对垃圾的影响,并赞助一些禁止乱扔垃圾的项目	公司可以显示,其已经通过重新设计产品以减少了形成垃圾产生的影响
合规	没有签署NPC	签署NPC,并且至少提交了一项行动规划	最早签署NPC(于2001年或之前发布第一份行动规划)	最早签署NPC,此外还参与其他自愿性的环境项目
咨询和教育	没有与利益相关方就Ps进行沟通	为员工和承包商提供相关培训(如关于NPC义务的培训)	为供应商和/或客户提供相关培训	就Ps项目征求其他利益相关方的意见,如社区、政府等

　　通过对一些公司的公开数据进行调查和统计,依据模型之中的17个指标,作者对涉及的公司进行了评分。通过评分发现,产品的社会责任表现可以划分为两类,一类是少数的行业领袖,它们在这个方面的表现很好,另一类则是大部分的普通公司,表现一般,但是也很少有公司超越法规的要求。还有一些公司所提供的产品管理活动的公开信息非常有限,这意味着它们在某些指标上得分非常低,或许也是公司产品责任数据不真实的表现。

第二节　公司社会责任卓越表现的品牌化

一、公司社会责任表现品牌化的含义

公司践行社会责任就其自身而言是件十分有益的事情。但是,善行本身并不等于树立公司声誉和品牌,并给股东或其他利益相关方带来收益。这就需要将公司的社会责任融入公司品牌之中。因为公司社会责任和品牌的未来是统一的,21世纪的品牌精髓源自诚实守信的可持续营销。

二、公司社会责任表现品牌化的意义

要获得并保持公司的良好经营绩效就要建立与培育各种关系。而且,每一种关系——商业的或是其他的,都依赖于良好的沟通。在商界,人们公认"关系"是造成公司差异化的关键因素。满足利益相关方的需求是在公司社会责任领域中取得成功的一个关键因素。利益相关方需要的不是那些被过滤的、零散的信息,而是定期的、有意义的以及能够持续沟通的信息。即使公司社会责任建设以可持续发展与责任为基础,但如果缺乏沟通,公司社会责任是没有意义的。从更积极的角度而言,当有良好的沟通时,公司社会责任将为公司带来可自我发展和自我持续的市场营销。因此,对任何公司来说,市场营销与品牌构建的关键议题应该包括:如何识别卓越的公司社会责任以及传播公司在承担社会责任方面的卓越表现。

三、公司社会责任沟通的品牌化模型

公司社会责任对公司经营信条的贡献需要从以下三个相互关联但不尽相同的背景来看。

- 法规：组织的法定义务。
- 增值：为利益相关方增加价值。
- 核心价值观：公司核心价值的影响。

在组织内部，商业主张的这三个核心要素通常归属不同的团队或业务单位，这些业务单位拥有不同的内部文化、交流语言、目标任务和见解。这导致"一线"工作人员所面对的公司社会责任政策和战略有着多种信息源、不同的内部渠道以及不同的优先次序和重点。最好的情况是，困惑且面临巨大压力的团队成员能够做出自己的选择；最坏的情况是，团队成员完全忽略各种公司社会责任。为了克服这个困难，本书建立了如图 6-2 的模型，通过实用的方式解决这个问题。

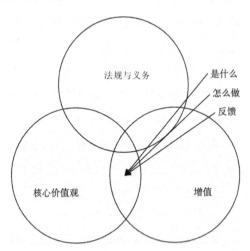

图 6-2 公司社会责任品牌化的三个关键要素

这个模型能够将公司社会责任的内容结构化，通过识别、组织和提升公司社会责任的可信度，使其与利益相关方特别是顾客的接触更易于促进公司实现成功经营的目标。同时，这个模型也

能够为特定的受众即利益相关方提供量身定制的信息,通过为公司社会责任与非公司社会责任(特别是销售部门和市场营销部门)专职人员建立了一套通用语言和方法模型,以促进共同的规划、运作与沟通。同时改善公司社会责任专家和一线业务部门的工作关系。模型将"利益相关方对信息有着不同的平衡或关注点"这一事实视为核心前提。然而,依据经验,利益相关方对信息的需求在绝大多数的情况中大体可分为三类。

下面是上述模型的相关定义。

法规与义务:法规是指组织经营所在国家的法律法规,包括地方条款。它同时也指公司签署的国际公约或专业机构制定的规则,比如采购规则。公司之所以要遵循是因为法规反映了专业标准,并且(或者)保护了各方面的人权。公司遵从这些不仅因为它们是法律,同时也是因为这是公司要做的正确之事。利益相关方需要信任公司会去做正确之事,一个缺乏信任的品牌只是在侥幸中生存。

增值:这是公司履行社会责任所要做的事,因为这会增加公司和顾客的收入并且(或者)为他们减少成本,以及(或者)提高以下各方的生活水平:公司的客户(公司和消费者)、公司的成员(雇员、承包商、合伙人等)、公司直接或间接影响的团体。增值可能是以非货币的、社会的和环境的方式来衡量的。无论如何衡量,增值的关键在于这样的增值会实实在在地发生。利益相关方需要知道公司会为他们实现这些增值。没有结果的公司社会责任仅仅是纸上谈兵。一个公司的品牌就是其承诺。从经验来看,全球范围内所有利益相关方最无法原谅的就是公司无法遵守承诺或者违背承诺。

核心价值观:这是组织做的事,因为公司相信这是正确的事情。这意味着公司的用心并坚持自己的信仰。在很多情况下,可能没有定量的衡量方法,或者不适用,比如种族歧视。我们可以通过一个极具说服力的商业案例来说明:员工多元化可以增加到公司的底线责任中去。但是,一家对种族歧视持有"零忍耐度"的公司很可能重视多元化，却不考虑员工多元化对底线责任的最终贡献。结果是，只有当公司中存在一个关于"我们的工作方式"的明确声明或是诸如此类的解释时，建立在公司核心价值观基础上的沟通才会奏效。否则，对于公司代表着什么以及公司将容忍或将无法容忍什么，每一个参与沟通的人会根据自己的理解随意地解读。

四、公司社会责任沟通品牌化模型的经验应用指引

由于篇幅限制，无法为每个具体行业、地域或不同利益相关方给出详尽的指导。但依据经验，有一些核心的原则可适用于多数情况。在模型的最简单构建阶段以及内容创建阶段，可遵循以下步骤。

信息拥有者(公司社会责任专员)决定在每个阶段中信息适用与否。要根据优先性、可靠性、安全性等方面来选择信息。仅仅提供那些未经提炼的信息无济于事。

信息的使用者和提供者选择所偏好的分享、维持、构建和编辑模型的方式。在此过程中，约定俗成的原则行不通，因为每个公司有其偏好的内部沟通方式。但大公司一般采用与公司内部网络或其他类似的沟通方式。显然，这种持续进行的活动并不适用于一次性应用的模型。

使用者会根据其特定受众的需求做出选择。受众是多种多样的，他们所需的信息种类(比如事实或案例)不同，他们所偏好的接收信息的方式(通过网络、纸媒或面对面)不同，并且他们偏好的所听到的语调(比如权威型的、指导型的或平等伙伴型的)不同。

公司应用上述三个步骤，需要注意到这样一条重要规则：一线员工(通常是销售和市场营销部门)的需求是占主导的。行政部门独自设计出的东西很有可能是没用的。在运用这个模型来平衡和关注沟通议题时，需要关注目标受众的需求和偏好的三个

重点,即主导性、次序性和动态性。

首先是主导性。当某一主题很重要以至于对该主题的关注占主导地位时,需要关注其受众。所以,"增加价值"可能在某一类受众中占主导地位。一个相关的例子可能是中小公司(SMEs)。实际上,所有的中小公司都会优先关注诸如公司社会责任倡议组织所提供的模型能够如何降低其成本、增加其收入或者让它们能够有更好的经营环境等议题。这是与此类受众沟通常需要关注的焦点。对这类受众而言,过度关注"法规"是不适宜的。他们期望并相信那些践行社会责任的公司能在合规中处于领先地位。需要注意的是,"核心价值观"可能像是说教。对所有的受众而言,重要的是要记住,没有什么是一成不变的。无论是什么受众,哪怕是那些通常以"增加价值"为主导议题的受众,一旦发生类似安然公司的丑闻,那么,"法规"和"核心价值观"就会因此暂时性地成为主导议题。

其次是次序性。对于有的受众,公司核心价值观是重中之重。例如,美体小铺(Body Shop)或是合作银行(CO-op Bank)的顾客。在这种情况下,沟通的次序尤显重要。与其直接从"增加价值"这样的财务话题入手,不如在将其引入"增加价值"话题前,先建立关于"核心价值观"的共同基础,并辅之以一些遵守"法规"和专业标准并成为标杆的正面案例。显然,适宜的次序要随受众的变化而变化的。再举一个例子,当与财务分析师进行交流时,要同时解决"增值"和"合规"这两个方面("我们通过适当的公司治理来实现增值"是要传递的信息),然后再去讨论"核心价值"就比较合适。

最后是动态性。受众所关注议题的优先次序是不断变化的。以富裕的消费者为例,当所有条件都一样时,他们会对一些涉及"核心价值观"(品牌)的信息较感兴趣,即关心公司在建设一个更好的社会和环境方面做得怎么样?也会对一些"增加价值"的信息感兴趣,即公司如何才能拥有更好的经营环境?但是,当公司的不当行为或其他丑闻成为头条新闻时,其优先关注点就会转向

"法规"和合规。

这里所要传达的核心信息是：每类受众都是不同的，并且其需求会随时间和环境而变化。以上三个例子仅仅说明了主导性、次序性与动态性。模型的使用者们需要考虑这三个因素，为其受众提供其所需的信息，以激发其思路以及为其规划提供帮助。在此要特别注意动态性。全球沟通技术的影响如此广泛，以致受众在沟通需求上的关注点和平衡几乎每天都在发生变化。模型辅助于思路。使用者要明智地加以解读并灵活地应用这个模型，这是最基本的。

第三节　战略性公司社会责任沟通——宣传自己的两点

公司社会责任表现品牌化，本质上就是一种沟通，将本公司的社会责任表现通过广告和品牌的手段传播向社会。而从战略上来看，公司社会责任沟通可以成为公司的一种发展战略，助力公司的成长。

一、战略性公司社会责任沟通的意义

与公司利益相关的各方进行沟通有助于利益相关方认识到公司是道德的和有社会责任感的。虽然管理者有可能已经意识到就其社会责任倡议进行沟通的必要性，即以此来实现利益相关方对公司的认同，从而维持公司的"经营许可"，但是，他们同时也应该认识到，信任和责任是非常难以传递的信息。也就是说，公司关于自身如何对社会负责任的单方面声明，并不必然获得利益相关方的赞赏和认同。

在进行战略性社会责任沟通的过程中，管理者除了要使利益相关方了解公司的社会责任倡议之外，还需要提升公司"与利益相关方持续互动"的能力。公司需要将各种信息和互动沟通战略纳入公司体系，以进行在利益相关方看来是值得信赖的公司社会责任沟通。战略性公司社会责任沟通要纳入高层管理者的考虑范围。

自从弗里曼（Freeman）在利益相关方管理方面的传奇作品于1984年问世后，学者和管理者都普遍认可这样的观点：公司的发展越来越依赖于利益相关方的期望，因此公司需要培养对利益相关方期望的敏感性。同时，我们承认利益相关方期望是一个"活动的目标"，也就是说，利益相关方会改变其对现代社会中负责任公司的看法。为了让公司跟进、了解甚至影响利益相关方对公司期望的构建以及重建，管理者需要了解如何去获得和维持一种超越公司范围的组织敏感度。

组织的敏感度不会自行发展。许多公司已经开始就其公司社会责任倡议进行沟通，但往往只是执行了将公司倡议和行动告知利益相关方的单向过程。这可能提高了公司整体的透明度，但也许并不能满足利益相关方的关注和期望。许多企业还未以一种双向的方式将利益相关方整合为沟通过程本身的一部分。所有公司都可以从培养与利益相关方对话的技巧和程序中受益，比如建立和维持企业对利益相关方期望的敏感度，甚至超过这些期望。

二、公司社会责任沟通的流程

公司社会责任沟通的流程通常可以划分为两个步骤，分别是告知过程和互动过程。因而，也就有了告知战略和互动战略。"告知战略"建议哪些关于企业社会责任倡议的议题应该告知利益相关方。例如，那些在单向沟通过程中为显示与利益相关方期望一致而采取的行动。"互动战略"针对企业为了提升与利益相关方的对话，从而进一步理解利益相关方的期望，能够采取和鼓励怎样的双向沟通过程提供建议。最后，为了推动从一个战略转向另一个战略,模型建议从结构上强化并将企业责任沟通与战略管理联系在一起。

模型以概念化的方式阐述了企业的告知战略和互动战略是如何共同发挥作用,使利益相关方主动倾向于对企业的积极认同,并进而为企业提供对利益相关方期望的敏感度。最终,这个模型建议在企业从告知战略向互动战略转变的过程中,必须得到高层主管的关注和支持,如图 6-3 所示。

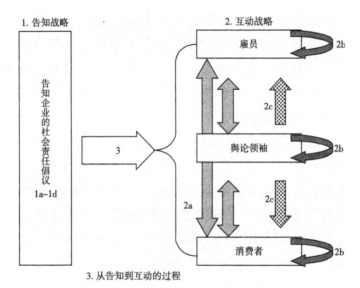

图 6-3　公司社会责任沟通战略流程图

(一)告知战略

告知战略基于如下假设:企业可以将其内部和外部沟通整合为一个一致连贯的信息,这一信息与公司战略一致并可以同时吸引很多受众,从而提升企业的可见度并建立起值得信赖的沟通。这个信息的核心概念并非自动产生的,而是企业对内部和外部环境仔细分析后的结果。为了确保获得这样关于企业为履行社会责任而付出努力的一致的且有吸引力的信息,以下四个议题需要整合进企业的社会责任信息中。

· 说明企业社会责任是一个共同关注的问题(承诺)。

· 将企业社会责任与核心业务联系起来(倡议)。

· 展示组织的支持（证据）。

· 展示客观的声明（结果）。

1. 说明企业社会责任是一个共同关注的问题

企业社会责任信息可以突出公司与其利益相关方的从属关系，因为它表达了对与企业社会责任相关的特定议题的共同关注和承诺，并且将企业社会责任作为与利益相关方之间的一种潜在联系。要记住利益相关方的兴趣是多样且持续变化的，因而这一共同的关注必须唤起某一特定的普遍兴趣。对于一个像诺和诺德公司（Novo Nordisk）这样一个世界领先的胰岛素制造商之一的制药公司，其总体的共同关注在于提升人们的健康水平。这大概也是全球人民共同关注的问题。作为其宗旨的一部分，诺和诺德公司承诺不仅要帮助糖尿病患者，而且要努力阻止糖尿病演化为一种流行病。同时其他的企业社会责任议题也是诺和诺德公司企业社会责任信息的核心。例如，与节水相关的环境议题，这也是该公司所在地环境的一个关注点；提升女性进入管理层的性别问题，这是女性雇员也是全社会普遍关注的议题；体面地对待实验室中的动物，这是那些代表动物福利的非政府组织尤其关注的议题；将少数民族融合进劳动力市场，这不仅是少数民族，也是社会领导者如政治家所关注的议题。

2. 将企业社会责任与核心业务联系起来

公司需要提出一系列坚实的论据、原则和过程，以显示出公司社会责任与核心业务的整合，以及企业社会责任对企业生存和利益相关方利益的重要性。通常，公司会发布　些基本是幻想的空洞的声明，如关于拯救世界或者提及自身在诸如保护环境政策、友好对待雇员或人道主义赞助之类的慈善倡议中所做出的努力。这样的沟通将会吸引广泛利益相关方：消费者、雇员、舆论领袖和股东。然而，如果企业社会责任倡议看上去是由情感或者单纯的道德所驱动的话，那么公司会冒着与宗教或慈善组织联系起来的风险。这可能就不能在如股东这样的利益相关方中产生信任。事实上,这可能带来相反的作用。

3.展示组织的支持

企业社会责任信息也应该展示企业社会责任声明背后的组织支持。可见的管理层支持对于企业社会责任信息而言是个关键因素,因为它表明了企业的宗旨和承诺,并且说明企业社会责任不仅是市场营销或沟通部门的议题,也是高层管理者关注的议题。为了界定组织的支持,也要将员工的信息包含在内。

在所有阐述和代表公司社会责任倡议的沟通中,诺和诺德公司的 CEO 和董事会都是高度可见的。员工也是这些企业社会责任信息中的一部分。许多员工出现在诺和诺德公司沟通材料中的照片、采访、声明或文章中。在可持续发展报告、小册子和广告中,员工评论了比如企业社会责任政策的执行情况。在企业沟通中,诺和诺德公司员工的声明和照片为组织的支持提供了证据,因为他们表现出了一种忠诚度和奉献,而这吸引了雇员、潜在雇员、消费者和舆论领袖。

4.展示客观的声明

分析显示,利益相关方不太可能信任从公司控制的来源所获得的信息,如广告和企业的主观声明,因为它们使用一些替代的指标来说明公司的收益或态度。然而,分析也说明,利益相关方较少质疑公司的客观声明,例如,技术说明书、数字线索以及视频演示。

(二)互动战略

研究表明,利益相关方对一个公司的反应取决于他们对这家公司的了解和信任程度,并且"互动战略"表明公司需要与主要利益相关方进行双向沟通,以培养组织的敏感度,并获得利益相关方的信任。虽然告知战略提供了基本的企业社会责任信息(承诺、诉求和证据),但互动战略意味着企业和利益相关方之间更加积极主动地参与。当包括员工和客户在内的利益相关方参与到与公司有关的仪式、风俗和惯例中时,就形成了彼此间的亲密关系并产生非常错综复杂的信任关系,文化方面的研究已经对此做出了说明。例如,当客户和舆论者以一种有意义、有目的的方式与公司互动时,他们可能会感觉自己更像局内人而非局外人。下面介绍三种双向沟通流程,以加强公司与利益相关方之间更紧密的互动:社会伙伴关系、本地表达以及主动支持。

1. 社会伙伴关系

当公司主动邀请例如来自非政府组织、国际组织、大学或者政党等舆论领袖参与到有关企业社会责任倡议的对话中,就形成了社会伙伴关系。公司这样做的目的是要了解利益相关方的兴趣和期望,并将这些兴趣和期望与各种议程联系起来,以识别各种议题及对其进行优先排序,以管理经营风险并从中获益。公司不仅要努力满足甚至要超过利益相关方所期望的组织达到的行为方式的规范。该公司将自身的战略称为"从对话到伙伴关系",并通过这一战略获得主要利益相关方的信任,同时了解其所关注的议题,并为决策和解决方案提供一个更好的基础。

2. 本地表达

人们将本地表达定义为一个双向的沟通过程,在此过程中,公司邀请利益相关方表达其与企业特性密切相关的自身特性。先前的研究已经说明,当管理人员和员工向企业外部人员谈论诸如公司的历史、愿景、使命和原则时,他们是如何可能成为公共关系的代表。当管理人员和员工用自己的语言表述企业声明时,当然不能肆意妄言,但也可以在讲述中融入个人语调,最重要的是他们可根据自身的偏好将个人特性与公司的特性相联系。研究表明,当管理人员和员工听到自己谈及企业战略时,他们是如何逐渐将公司战略内化的。在这个意义上,本地表达给管理人员提供了一个重新了解其工作场所的机会,更为重要的是,赋予他们一种对公司战略的归属感。同时,本地表达可以帮助使公众形成对企业的善意和理解。

本地表达并不必然减少舆论领袖对公司社会责任倡议的批评。然而,如果允许将本土表述放在企业年度报告中,这可能会唤起外部利益相关方对公司倡议的认知,同时,也展示了企业对他人观点的认知,并开放了与持批评意见的利益相关者之间的对话。

3. 主动支持

当外部利益相关方审视、支持、评价甚至挑战公司的社会责任倡议时,公司就获得了支持。当公司积极主动地寻求第三方利益相关方的支持,以赞同的口吻谈及公司时,公司就获得了积极主动的支持。其之所以"主动",是因为公司积极地去寻求和展示来自外部利益相关方的支持,而不是消极地等待其评论。例如,公司聘请审计顾问审核自身的可持续发展报告,这就是一种"主动支持"的行为,如诺和诺德公司聘请了德勤会计事务所对其可持续发展报告进行审计。审计人员形成一份关于公司社会责任倡议的独立评估报告,使社会报告和公司社会责任倡议具有权威性和可信性,而这单纯依靠公司自身是做不到的。当公司聘请公关机构或沟通顾问来帮助公司,影响公众关于公司社会责任议题的争论,使其对公司有利,这时也形成主动的支持。公司社会责任相关的奖项越来越多,在声誉排名或者是形象分析中,公司社会责任因素的地位日益举足轻重,这其中或多或少都有公司的贡献。

三、从告知战略到互动战略的过程

要成功地从将社会倡议简单地告知利益相关方,转变到真正地与利益相关方进行互动,高层管理者是关键。由于有如此多的其他战略性议题,高层管理者的关注和支持至关重要。为了能够全面且一致地进行沟通,并制定出战略以选择与哪些利益相关方进行互动以及确定如何互动,这需要得到高层管理者的支持。

私人公司如何与利益相关方沟通,并没有什么秘诀,但是,战略性公司社会责任沟通模型指出,公司在朝着更具战略性的利益相关方互动迈进时,接受批判意见是一个决定性因素。战略性地邀请"专业陌生人"(例如,员工、舆论领袖和消费者)来就其所认为的公司中潜在的紧急议题进行评论,这会使公司受益。在多数情况下,正是这些舆论领袖形成了对公司社会责任倡议的一般看法。例如,媒体为公司提供了一个持续的自我描述的机会。当"批判性议题"出现在媒体时,公司自身会准备迅速而持续地做出回应,它会与主要的利益相关方(包括记者)进行持续的对话,而不是等着持批评意见的记者在晨报上对公司进行"批判性评价",在这种情况下,媒体是核心的利益相关方。

第四节　公司社会责任在线——基于网络的沟通

互联网的发展给公司社会责任沟通奠定了重要的技术基础。最近几年,各类公司的公关活动大多是通过网络完成。网络技术的发展,使得公司的社会沟通更加有效率,哪怕是在投资者看来,基于网络的社会沟通也变得越来越重要。

一、基于网络的企业社会责任沟通的驱动因素

目前的趋势表明,企业社会责任沟通正处于进入一个新的数字化在线阶段:这一领域从一种"打烊商店管理程序"提升为一种"准公共行为",它涉及大量利益相关方的参与,如雇员、消费者、供给商、投资者、排名机构、政府和当地主管部门、压力集团和其他非政府组织。公司意识到其经营经常会对经济、社会和环境造

成影响,因此,公司与社会责任沟通相关。更进一步,公司认识到其影响范围扩展到各国边界外,同时,公司意识到其责任也要超越对法规的基本遵守。所以,公司要将其社会责任扩展到全球规模。

其结果是,公司不仅要以市场沟通或者通过投资者关系的方式和股东沟通,而且需要通过在线方式与不同利益相关方就社会责任进行沟通。信息的提供原来是关注本地、自说自话、单向且由公司控制的,现在转为更加互动和更具参与性的方式。在线与更多的受众进行沟通,尝试着从更多利益相关方那里得到反馈,或者甚至是与各种感兴趣的团体进行交流,从而提供完全满足这些要求的社会责任沟通工具。之所以发生这样的转变,是因为利益相关方能以更批判的眼光来看待公司的经营,并且这样的方式能使利益相关方更加了解公司的活动。最终,利益相关方的批评形成各种针对或挑战公司的行动主义、各种运动或者其他形式的压力。

二、网络为公司社会责任沟通所带来特有收益的分类框架

(在线)沟通是企业社会责任的基础,这很重要,因此,如何将信息通信技术作为一种适当方法来提升沟通,公司希望能够在这方面得到帮助。在如何将网络用于一般的企业社会责任沟通,尤其是在如何挖掘社会责任沟通工具在运用互联网的收益方面,公司需要得到帮助。这些与媒体相关的问题都涉及信息通信技术的议题、其运行的基于网络的在线系统、信息管理和利益相关方在线关系。后者在很大程度上是企业社会责任沟通的潜在收益和主要成本。更进一步而言,这些议题也明确了附加值和这样的设备——能以一种有效率的方式从内容和形式上提供了各种在线工具和其他社会责任沟通工具。换句话说,公司想要知道网络、其相关技术、服务和目前的标记语言如 XML(可扩充标记语言)以及 XBRL(可扩充企业报告语言)所能带来的特殊能力,想

要知道如何将它们运用在企业社会责任沟通上：作为一个智能展示的媒介或者只是另一个发布通道，就此意义而言，网络是否只是一个下载的平台？此外，在远远没有开发其所有潜能的情况下，网络是否能够真正成为企业社会责任沟通的促进者，并具有媒体所特有的很多好处呢？

作为一种资源，在提供如何使用网络以改善社会责任沟通的行动指导方面，模型提出了一个通用的分类框架，如表 6-3 所示。它根据四种基本的收益，将网络用于企业社会责任沟通的各种能力分类如下。

①与沟通的内在目的有关的收益。

②与沟通工具开发的工作流程和核心过程有关的收益。

③与沟通内容有关的收益。

④与沟通风格有关的收益。

表 6-3　网络沟通的分类框架

收益种类				
与沟通目的有关的收益	资源控制	信息披露	对话，双向沟通	认识议题和关注点
	合理化		定制化	
与沟通工具开发流程有关的收益	沟通工具的简便管理	有效率的沟通工具的数据准备	沟通工具的快速分配	沟通工具的智能化展示
	沟通载体		附加信息	
与沟通内容有关的收益	定制化地选择（数据视图）	热门话题选择，检索	内部链接：例如，社会责任部	外部链接：例如，指引、NGOs、股票交易、排名
与沟通风格有关的收益	在线、离线的可获得性	导航	超媒体	反馈机制

第一类涵盖了与沟通的内在目的有关的收益,例如,提高效率、控制资源、披露绩效、提高声誉、认识利益相关团体的议题和关注点、展开与外部利益相关方的对话、改善形象、员工参与。

第二类包括与沟通工具开发的工作流程和核心过程有关的收益,例如,自动生成基于数据的准备和管理、针对不同工具对内容的多重利用(所谓单个资源的跨媒体发布)、在线传播、沟通工具的智能化展示。

第三类包括与沟通内容有关的收益,例如,通过以下方式获取企业社会责任信息的功能,包括检索和搜索工具获得企业社会责任信息的特点、档案、特定的观点、根据要求的个性化沟通工具、各种与指南的超链接、非政府组织和其他相关的信息资源。

第四类包括与沟通风格有关的收益,例如,在线和离线的可用性、下载、超媒体、支持利益相关方导航的功能、网页浏览、定制和反馈方式、在线对话的机会(如聊天、论坛、公告板和新闻小组)。

然而,利用网络所带来的全部收益并不是像第一眼看过去的那么简单。相反,只有当我们考虑了所有四个类别的收益后,企业社会责任在线沟通才变得真实,也就是要把目的、过程、内容和风格都联系在一起,并且需要作为一个整体来考虑。单一方面的解决方案看起来并不充分也不成功。

三、分类框架和实践经验的方法论基础

上述的分类框架是一项关于基于网络的企业报告研究项目的成果。这一项目是由商业信息系统和运筹学部(Department of Business information Systems and Operations Research)实施的。它是一个更广泛的研究项目——凯泽斯劳滕大学(University of Kaiserslautern)"环境管理和能源"项目的一部分。该项目的目标是开发出一个通用的分类框架,以此来说明企业沟通如何从网络使用中获益、需要考虑哪些方面以及如何应用于这样一个数据化

的在线方法。为了对概念做出完全清晰的划分并展现使用网络的全部潜力,本书针对企业在线沟通和基于网络的报告系统方面的现有方法、案例和项目进行了文献综述。这一分析表明,大部分的建议都只是或多或少地列出一些基本的收益,但缺少充分的结构,因此没有覆盖使用网络的全部可能收益。一些建议强调了以自动化方式准备沟通工具的各种机会,而其他一些则关注智能化展示和传播的各种机会。

根据文献中所发现的各种收益,我们看到人们已经提出一些实际相关的收益。我们可以借助两种强大的试探法来对这些收益加以结构化,这两种方法为"形态学盒"和"四因说"法。形态学盒是用于创造性问题解决、运筹学和计算机科学的一个工具。它是由瑞典天文学家 Fritz Zwicky 于 19 世纪 40 年代发明的,帮助将复杂的、概念化的"网络使用"拆解为许多不同的属性及其特定的实现方法。"四因说"法可追溯到亚里士多德(前 384—前 322)。它提供了一个有用的方法,来描述某种物品的构成内容(质料因)、形态和设计(形式因)、存在性(动力因)及其潜在目的(目的因),由此可对其各种属性及实现方式进行排序。将两者相结合,在以系统性方法探索使用网络所获得的收益时,根据其目的、过程、内容和风格,试探法提供了一个清晰的框架。

正如本章所描绘的,这一分类框架是概要性的,而不是如图片般的真实。然而,它提供了一个有帮助的框架,可用来探讨信息通信技术尤其是网络在更广泛意义上所能赋予企业社会责任沟通的一系列重大收益。更进一步地,这一分类框架概括了网络所提供的媒体特有的能力,这些能力切实带来了沟通、信息管理、组织方面的完善,并且还可能推动传统阶段转向企业社会责任在线沟通的过程变得顺畅。此外,它有助于改善公司的社会责任沟通,同时考虑了信息通信技术问题,例如,某些沟通策略如何从网络支持中获益,或者什么方法可用于企业社会责任在线沟通。

许多实证研究已经证明了这一分类框架的实用性,这些实证研究探讨了网络企业在线沟通中的应用程度,探讨网络的哪些能力已经得到了应用。在这一分类框架的帮助下，所分析的领域非常广泛，包括从单独的环境在线沟通和财务在线沟通，到其作为可持续发展或社会责任沟通的整合方式。

四、实施基于网络的企业社会责任沟通

实施一个基于网络的企业社会责任沟通方法需要至少三个要素。

· 利益相关方分析和信息需求分析，这表明对利益相关方可能要求的对企业社会责任信息的需求。

· 文件管理，这表明公司愿意沟通的内容。

· 在线沟通系统，这表明一个适当的 ICT 架构，它能与供给和需求交叉匹配，目的在于提供一套真正量身定制的工具，而不仅仅是一个巧妙润色后的标准文件，同时，它以一种对话导向的方式提供沟通。

这样一个程序有助于企业社会责任在线沟通发挥作用，它特别强调互动、目标群体的量身定制和利益相关方对话，即使在需要大量的沟通时也是如此。在企业社会责任方面，先进的网络运用将改善企业提供社会责任信息的方式、沟通社会责任议题、交换知识、了解利益相关方的关注点和议题、管理内外部资源，最终使所有相关的或受影响的成员获益，包括公司、主要目标群体和其他利益相关团体。正如本章所展示的，这一分类框架有助于发现各种网络带来的机会。

第七章　环境社会责任与公司财务的关系论

环境社会责任的发展,在很大程度上对于公司财务的治理进行相关理论的深入研究有着积极的促进作用,利益相关者理论在公司财务治理中的作用日益得到重视。本章以利益相关者理论为分析契点,基于环境社会责任的视角,构建利益相关者参与公司财务治理的框架,提出以环境社会责任为导向的公司财务治理思路。

第一节　环境社会责任与财务治理的模式研究

公司治理的核心内容就是适当地进行财务治理。在财务治理同时又履行环境社会责任具有重要的意义。公司在追求利益的同时,也应考虑到社会利益相关者的利益关注点所在,进一步满足他们的需要。让他们参与到公司的相关财务治理之中,通过调整他们在公司管理中的地位结构,形成相应稳定的财务治理结构。

因此,将环境社会责仕理论纳入公司财务治理之中,有利于提高公司财务治理的效率。

一、基于环境社会责任的利益相关者理论

(一)基于环境社会责任视角的利益相关者分析

公司为何承担环境社会责任,这是公司责任研究需要回答的必要问题。1923年,欧利文·谢尔顿在《管理的哲学》一书中首次提出环境社会责任概念。环境社会责任既包括法定的环境社会责任,也包括道义上的环境社会责任等,这是目前对社会责任较为一致的认识。所谓的环境社会责任,是公司对股东承担主要经济责任的同时,应对债权人、客户、员工、政府、社区等其他利益相关者,以及生态环境承担的责任义务。利益相关者理论认为,公司本质上是各利益相关者缔结的系列契约。在目标选择上,公司以实现利益相关者的价值最大化,而不是股东财富最大化的目标;公司发展所投入的资本不仅包括股本,还包括债务资本等内容。在公司利益分配上,公司要平等地处理利益相关者的诉求,而不能将公司所有权集中地交给股东所独有。

由于利益相关者理论拥有丰富的环境社会责任思想,将其用于分析研究环境社会责任的问题,不仅有助于推动环境社会责任研究的深入开展,也有利于贴近公司社会实践的实际。

(二)基于环境社会责任的利益相关者分析

将环境社会责任理论与利益相关者理论结合起来,构建基于环境社会责任的利益相关者研究框架,具体包括对股东、对员工、对消费者、对供应商、对政府等环境社会责任内容。据此,有些经济学家提出公司"状态依存所有权"的概念,用于描述利益相关者的次序地位。他们认为,当公司破产时,各个利益相关者是依照相应的顺序来获得财富的,公司所有权处于相互依存的状态,而不是传统意义上股东独自拥有公司所有权。

因此,利益相关者理论实际上为利益相关者参与公司财务治

理提供了依据。由于工人、债权人及其他相关利益者也有权利获取公司的利益,他们应当在公司运行的过程中参与到公司治理的环节中来。随着环境社会责任的发展,公司财务治理的环境已发生了根本性变化,需要从理论上重新认识。

首先,公司与其承担环境社会责任的利益相关者参与财富创造和分配的过程,是现代公司进行财务治理的实质。而公司与利益相关者的利益合作是公司发展需要考虑的一个前提。

其次,公司财务治理的主体、客体及目标具有多层次的特征。财务治理的主体包括债权人、管理者、员工、消费者、政府、社区等社会主体,公司承担环境社会责任所包含的全部利益关系人。财务治理的客体是对公司的财务决策权、收益权和监督权可以实施的有效分配,以公司价值最大化和利益相关者分配最优化为目标。

二、基于利益相关者视角的公司财务治理框架

(一)基于股东视角的财务治理

所谓的股东,是对公司进行投资并拥有股权的利益主体。股东内部的利益冲突是股东进行相关的财务治理源头,股东的内部利益冲突即控制性股东和广大中小投资者之间的利益冲突。

因此,必须建立有效的股东财务治理,使得公司外部财务治理的功能得到充分的发挥。一方面,针对关联方之间的交易、投资以及其他违约行为进行逐步的规范;另一方面,增强独立董事和董事会委员会的审计职能,逐步增加资本市场信息披露的真实性和及时性。

详细的信息披露能使中小投资者的利益受到相关的保护,他们可以通过公开披露的信息详细了解公司的运营状况,进而对投资机会和前景进行判断。另外加强对其他违约行为的约束,加大对中小投资者的保护力度,给中小投资者以恰当的控制权,逐步

培养"用手投票"的中小投资者。

(二)基于债权人视角的公司财务治理

公司发展资金的提供者是债权人,他们对公司有很重要的作用,对债权人进行相关保护,除了有利于公司的长远发展之外,同时也有利于维护整个市场经济的秩序和健康发展。因此债权人也是公司的利益相关者,债权人的财务治理主要来源于债权人与股东以及经营者之间的利益冲突。

(三)基于公司员工视角的公司财务治理

在公司逐步发展的过程中,公司员工扮演着重要的人力资本角色。公司员工的作用充分得到发挥,决定公司的可持续发展。公司应该加大对员工的财务治理,员工可通过建立员工董事制并参与公司财务决策。当公司经营业绩下降或经营者发生损害公司利益行为时,员工可要求维护公司员工合法权益等措施。

(四)基于政府视角的公司财务治理

政府作为社会管理者,整个社会经济运行和发展都需要它来进行提供并维护。政府一般通过行政命令等方式对公司财务行为进行监督和约束。

(五)基于其他利益相关者视角的公司财务治理

其他有关如消费者、供应商、社区等利益相关者的财务治理,实现的方式是以财务监控权的市场分享来进行的。公司在运行时需要主动遵守消费者权益保护法、劳动保护法和环境保护法等,应做到诚信经营,履行相应的合同义务。

三、构建环境社会责任导向财务治理的建议

构建以环境社会责任为导向的公司财务治理机制势在必行。

具体建议如下。

(一)改善公司财务收益分配机制

公司股东与各个利益相关者之间的经济关系,受到收益分配的影响。一般而言,控制性股东和高层管理者可以从公司控制权中得到保障,收益分配的重点应在于让利益相关者从公司财务收益中得到相应的保障。为了使经营者和公司员工能适当地享有相应的公司收益,应当在他们的报酬结构中引入人力资本股权化机制,使之与公司未来经营的业绩挂钩,防止经营者和员工存在短期化的经营行为,激励他们为公司价值最大化长期投入。

(二)改善公司财务决策机制

1.实施累计投票、表决权行使和股东诉讼等制度

针对公司董事会制度进行相关改善。在股东大会中建立相互制衡的议事机制,以此用来保护中小股东及其他利益相关者的合法利益。通过对独立董事、员工董事和监事等决策机制的不断完善,保证各利益相关者有平等机会参与到公司财务决策中来。

2.建立财务控制权配置制度

保证各利益相关者主体能按照其贡献合理分配公司剩余财产权,促使公司所有者与利益相关者的长期合作。当公司破产并威胁到利益相关者利益时,公司财务控制权应实行转移,进而保护相关利益者的利益。

3.改善公司财务监督体系的建议

为了保证公司财务治理水平,平衡公司各方利益相关者的利益,公司应建立多元财务监督体系。

(1)创新监事会监督的制度。为适应利益相关者所要求的财务治理结构,由股东监事、员工监事、债权人监事和其他监事组成公司监事会,独立于公司经营之外,实施监督公司一切的经营行为,监事会报酬不与公司经营业绩相挂钩等。

(2)建立与完善政府的监督机制,在规范公司履行环境社会责任行为方面挂钩。政府部门建立环境社会责任报告数据库,公布公司的环境社会责任状况,保证利益关系人能够及时获得透明、公开的评价信息。

(3)加强社会监督,充分发挥新闻媒体的作用。发动舆论监督,维护利益相关者和他们的言论自由,将使公司和经营者面临越来越大的外部压力。

第二节　环境社会责任与融资行为分析

在我国,由于融资体系和转型期的经济发展区域差异,环境社会责任对企业融资结构决策的影响具有更为复杂的经济、社会及政策因素,相关的经验研究也比较少。

一、数据来源及模型设计

(一)样本及数据来源

由于"两高"行业没有统一的口径,并且与区域经济发展水平和发展阶段相联系。在选取研究样本与数据时考虑了以下因素。

(1)根据 2001 年中国证监会颁布的《上市公司行业分类指引》和环保部 2010 年出台的《上市公司环境信息披露指南》,参照王立彦、林小池(2006)的研究中关于环境敏感行业的划分,本书将节能减排敏感行业暂定为有色金属冶炼及压延加工业,化学原料及化学制品行业,石油和天然气开采业,煤炭采选业,电力、煤气及水的生产和供应业,纺织业,造纸及纸制品业,橡胶制造业等八个具体行业。

（2）把那些连续亏损的企业剔除，以便考察企业在正常经营状态下的信贷融资行为。

（3）对于资料不全的企业也进行剔除，筛选后样本公司数量为263家。[①]

（样本公司1998—2010年的数据均来自深圳国泰君安（CS-MAR）数据库和中国经济金融（CCER）数据库）

（二）变量描述

为了更加准确地估计节能减排责任对企业融资结构的影响，这里采用企业的银行长期借款占负债总额的比例来针对企业的融资结构进行衡量。

1.环境变量

考察节能减排责任对企业融资结构的影响，要引入环境社会责任制度并进行责任分配的区别，这里采用虚拟变量进行相关的区别。从发展过程来看，我国曾在1995年出台过环保金融政策，要求各级金融机构对"不符合环保规定的项目不贷款"，但由于当时所处的社会背景，政策影响力相对而言较弱。

自2007年以来，随着"绿色信贷"新政策的提出，虽然没有明确银行的连带责任，但节能减排逐步成为各级商业银行审批企业贷款的必备条件及必须完成的指标。据此，我们将银行针对"两高"行业企业必须进行的信贷指标控制（未执行会受到有关部门的处罚）视为一种行政责任，在实证研究中分析企业承担完全责任与银行承担行政责任两种责任制度对企业融资结构的影响。

1998—2007年作为第一个阶段：企业承担完全责任；2008—2010年作为第二个阶段：银行承担行政责任，设置一个虚拟变量，前者取值0，后者取值为1。

---

① 邓学忠.企业社会责任财务论[M].北京:经济科学出版社,2014:68.

2.非环境变量

银行信贷受到较深影响的一个重要因素就是利率,就目前来看,我国利率还尚未市场化,受国家经济政策影响变化快,不易确定。该部分的模型主要从企业自身的财务能力来考察不同责任制度下的融资结构选择,不考虑利率因素。

模型中的非环境解释变量如下。

盈利能力(PR):盈利能力通常表现为一定时期内企业收益数额的多少及其水平的高低。不同的责任制度会对企业的利润造成一定的影响。反映企业盈利能力的指标有多个,在针对检验模型中采用销售净利率,即净利润占主营业务收入的比率,根据这种指标来衡量企业的盈利能力。

股东权益比率(EQ):严格说来,股权不属于银行借款的一部分,但是在企业资本的结构中却包括银行债务,非银行债务和股东权益,股权也代表着资金的其他来源。股东权益的高低会使企业对银行的借款需求形成一定的影响,反过来,企业的银行借款水平也会对股东权益比例有所影响。

固定资产比率(FAR):企业需要资金来购买固定资产,而且固定资产也可作为企业贷款的抵押品,固定资产比率会同时增加企业银行借款的供给和需求。

一般来说,固定资产比率用厂房和设备占总资产的比例来计算。检验模型中用固定资产净额占总资产的比例来计算。

流动资产比率(CAR):即现金比率,用货币资金和有价证券之和除以总流动负债总额来衡量。这个变量代表了公司资产的流动性,流动资产比率越高,企业对银行借款需求越少。该指标最能反映企业直接偿付流动负债的能力,银行一般愿意将资金借给流动资产比率合理的企业。

营运资本比率(WCR):营运资本有广义和狭义之分。广义的营运资本就是指企业的流动资产总额,狭义的营运资本则指企业的流动资产总额减去各类流动负债后所剩的余额,也称净营运资本。由于净营运资本被视为可作为企业非流动资产投资和用于清偿非流动负债的资金来源,所以,狭义的流动资本主要用于分析企业的偿债能力和财务风险。营运资本比率等于营运资本除以总资产。同样的,营运资本充足的企业获得银行借款相对更为容易。[①] 各解释变量对银行借款的影响效应见表 7-1。

表 7-1　解释变量对银行长期借款供给和需求的影响

变量	需求	供给	总效应
盈利能力	－	＋	
股东权益比率	－		－
固定资产比率	＋	＋	＋
流动资产比率	－	＋	
营运资本比率	－	＋	
dumy	－		－

注:"＋""－"分别表示正负效应。

二、实证结果分析

(一)描述性统计

表 7-2 为回归变量的描述性统计。从表中可以看出,样本公司在 1998—2010 年内长期债务水平均值不高,说明大部分公司的债务融资策略倾向于短期债务的运营。盈利能力的标准差值较小,说明样本公司的盈利能力没有明显的差异。股东权益比率的标准差比较小,在一定程度上反映了各个公司在 1998—2010 年的债务水平处于相对稳定的状态,没有明显的差别。固定资产比率的均值也维持在一个较低的水平。从流动资产情况来看,样本公司的流动资产营运能力较强,1998—2010 年各家公司流动资产比率的均值在 0.5 以上,处于较高水平,但是该项指标的标准差较高,表明样本公司现金比率的差别大。

---

① 邓学忠.企业社会责任财务论[M].北京:经济科学出版社,2014:70.

表7-2　样本公司变量的描述性统计

变量	Y	PR	EQ	FAR	CAR	WER
均值	0.1906	1.7166	0.4896	0.3711	0.5389	0.0485
中位数	0.1605	0.0488	0.5074	0.3790	0.3650	0.0333
最大值	0.6298	6.2612	0.8821	0.6970	3.7093	0.5298
最小值	0.0006	−1.0206	0.1221	0.0926	0.0036	−0.4015
标准差	0.1156	1.6502	0.1801	0.1280	0.6521	0.1748
置信度（95％）	0.0267	0.0000	0.0000	0.5730	0.0000	0.3215

　　如表7-3所示，报告了变量之间的相关系数，可以清楚地了解各变量之间的相关关系。每个变量均与被解释变量有显著的线性相关性，其中固定资产比率与公司的长期银行债务比率的相关性最大，相关系数为0.93；股东权益比率与公司的长期银行债务比率呈显著负相关；比较而言，营运资本比率与公司的长期银行债务比率相关系数最小，但仍达到0.78。

　　这说明，各解释变量对被解释变量有较好的解释力。同时，各个解释变量之间相关度低，相关系数小，其中解释变量之间相关系数值最大的是流动资产比率与营运资本比率，其值为0.52，没有超过0.6，且以VIF进行多重共线性检验的VIF值不超过4，因此可以判断本文回归模型中的解释变量之间几乎没有线性关系，模型中基本不存在多重共线性问题。[①]

表7-3　各变量之间的相关系数

变量	Y	PR	EQ	FAR	CAR	WER
Y	1					
PR	0.8532＊＊＊	1				
EQ	−0.9201＊＊＊	0.0263＊＊	1			
FAR	0.9325＊＊＊	0.0057＊＊	−0.1603＊＊	1		

---

① 　邓学忠.企业社会责任财务论［M］.北京:经济科学出版社,2014:72.

变量	Y	PR	EQ	FAR	CAR	WER
CAR	0.8861＊＊＊	0.0075＊＊＊	0.3913＊＊	－0.1942＊＊＊	1	
WER	0.7765＊＊＊	－0.0189＊＊	0.0542＊＊＊	－0.4135＊＊	0.5196＊	1

注：＊＊＊、＊＊、＊分别代表在1％、5％和10％的水平上显著。

(二)回归分析

为了找出最合适的面板数据模型进行回归分析,运用 Haus-man 检验方法对模型进行检验发现,个体固定效应模型最为合适。

表 7-4 报告了企业的银行长期借款比率的回归结果。从回归结果看,除流动资产比率(CAR)之外,其他变量的系数均在 5％的显著性水平下是显著的,说明它们对被解释变量都有显著的影响。盈利能力比率与企业债务水平显著正相关,由于样本公司所属“两高”特征的行业,大多不具有节能减排的优势,盈利水平不高,系数较小,对企业的长期银行借款影响有限。股东权益比率与企业的银行长期债务水平显著负相关,表明权益比率越高,对银行借款的需求越少。固定资产比率与企业的银行长期债务比率显著正相关,营运资本比率与企业的银行长期债务比率显著正相关;并且,固定资产比率与营运资本比率的系数之和达 0.56,对企业的长期银行借款影响很大,说明固定资产与营运资本是企业获得长期借款的关键指标,银行在考虑“两高”行业上市企业的信贷放款时,传统财务评价体系仍起到决定性的作用。

节能减排责任与企业的长期银行借款显著相关,但系数较小,为－0.0116,即银行对节能减排承担行政责任后,企业的长期债务融资水平只有微幅的变化,这个结论与李永友和沈坤荣(2008)的研究结论基本一致,与 Ulph 和 Valentini(2004)研究结论不一致。

在一定意义上,说明银行信贷约束对“两高”类上市企业的融资结构影响有限,其预期的节能减排效果与政策设计的目标存在差距,已有的信贷减少量可能作用于中小型企业。

表7-4　长期借款比率的回归结果

变量	系数	T 统计	概率
PR	0.0012＊＊	4.0752	0.0002
EQ	−0.1336＊＊	−6.7286	0.0000
FAR	0.2635＊＊	3.9581	0.0002
CAR	0.0098	0.9175	0.3627
WCR	0.3012＊＊＊	10.4485	0.0000
dumy	−0.0116＊＊	5.9442	0.0000
D－W 统计值=2.2365　Adj－R^2=0.9261			

注:＊＊＊、＊＊、＊分别代表在1％、5％和10％的水平上显著。

三、结论及政策启示

运用融资规制与财务责任为污染企业或潜在的污染企业提供激励是国际社会通行的做法。针对政府与银行的节能减排融资约束,"两高"行业企业在融资行为及融资结构决策方面会做出策略性的财务回应。在这部分的研究中,引入节能减排责任制度,以1998—2010年"两高"行业 A 股上市公司为样本检验了节能减排责任对企业的银行长期借款融资行为及债务融资结构的影响。

研究发现:

(1)"两高"特征的企业盈利水平对企业的长期银行借款影响有限。

(2)固定资产与营运资本是"两高"企业获得长期借款的关键指标,说明传统财务评价体系仍在银行放款中起决定作用。

(3)节能减排责任与企业的长期银行借款显著相关,但并没有明显减少企业在银行的长期借款量,在一定意义上说明信贷政策对"两高"企业节能减排的引导要通过企业的融资行为来达到预期目标还有一定的差距。

据此,结合近期的环境事件案例(如紫金矿业、云南铬污染企业贷款问题)和典型企业调查,提出如下建议。

(一)在绿色信贷政策中引入放款人连带责任制度

尽管我国"绿色信贷"政策的设计具有一定的强制性,但执行过程中又具有自愿性的特点,缺乏有效的监督机制;银行披露绿色信贷数据主要局限于发布环境社会责任报告,这种自我评价的自愿性披露无法避免其主观性和片面性,甚至可能成为银行的"形象工程"。

从长远来看仅仅依靠银行的自愿披露是不够的,多家大银行为紫金矿业贷款就是典型的例子。为降低绿色信贷的监督成本,以实现预期的政策效果,引入放款人(银行及企业信贷担保人)连带责任制度,使银行及企业的信贷担保人承担环境损害的连带责任,有利于形成银行执行绿色信贷的长期激励,也可减少企业在面临严重的环境损害时采取过度杠杆行为。

(二)编制企业节能减排等级指数,形成制度化的环境信贷风险评估机制

我国银行绿色信贷的数据披露相对来说比较简单,企业真实的环境等级也较难为银行所掌握。要实现绿色信贷引导企业行为的预期政策目标,应该考虑由银监会与环保部协调编制、发布统一的企业节能减排指数,以此作为银行执行信贷政策的评估标准,既为银行信贷的环境风险管理提供依据,也可以避免不同企业在申请信贷时可能遭遇的不公平性。

(三)减排补贴应与企业的技术水平和财务能力相匹配

在我国现阶段的产业转型和升级过程中,"两高"行业企业的节能减排不只是企业行为,更是社会发展的政治经济过程,融资规制能否对企业产生足够激励的关键是不同减排主体的利益协调与平衡。

由于不同企业减排成本的差异,"一刀切"的绿色信贷对企业、银行及社会就业并非最优的政策安排,通过包括利率、税率优惠等减排补贴支持财务能力和技术能力不足的企业逐步摆脱技术和财务困境,并使之与绿色信贷政策相配合,不仅拓展了绿色信贷的空间,而且能更好地促进企业发展与产业转型。

第三节　环境社会责任与投资行为分析

企业承担社会责任就会产生成本,看起来似乎不符合经济效益最大化的基本目标。但是企业承担社会责任在产生成本的同时,也会带来一定的收益,进而树立良好的企业形象,而这些潜在的利益或许足以支付承担社会责任的成本。

一、环境社会责任影响企业投资行为的研究设计

(一)样本选取与数据来源

根据中国社科院发布的中国企业责任报告评级专家委员会对中国企业的环境社会责任报告评分来选择企业,其总共对 688 家企业的环境社会责任报告进行了评分,其中上市企业 522 家,并在此基础上剔除连续亏损(ST、PT 公司)和资料不全的公司,本节回归模型(1)共剩下 453 家企业,回归模型(2)剩下了 450 家企业。

由于 2010 年 4 月 23 日,我国才成立了最具权威的企业环境社会责任报告评价组织——中国企业责任报告评级专家委员会,而其在 2011 年 12 月才对中国上市公司 2010 年的环境社会责任报告进行了评分,故我们只能采取截面数据进行分析,而又考虑到对投资的滞后性效应,所以控制变量使用 2009 年的数据。

另外,本书认为企业履行环境社会责任时的支出实质上就是

投资支出或者研发支出的一种当期表现,即企业当年因为履行环境社会责任而发生的货币性支出可能,就包含在当年的投资支出或者研发支出之中,故环境社会责任变量与投资支出变量以及研发支出变量一样,使用 2010 年的数据,而不需要像控制变量那样考虑对投资的滞后性效应。

为了对样本企业的总体情况做进一步的了解,从而确定样本企业选择的合理性,该项研究进一步分析了样本企业上市地点分布情况和行业分布情况。

在这部分的研究中,将样本企业的上市地点分为了三种情况:深交所上市、上交所上市和多地上市,如图 7-2 所示。从图中可以看出,所选择的样本企业中上交所上市的比例最多,达到了一半,而多地上市企业比例最少,不到 1/8。

根据 2001 年中国证监会颁布的《上市公司分类指引》,以及中国社科院发布的《中国上市环境社会责任排名表(2011)》,我们可以分析所选样本企业的行业分布情况,所占比例在前十名的企业情况如图 7-1 所示。

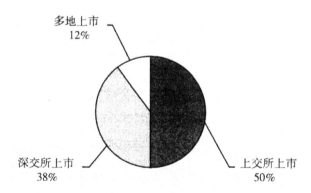

图 7-1　回归模型(1)样本企业的上市地点分布

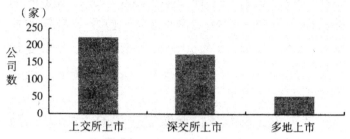

图 7-2　回归模型(2)样本企业的上市地点分布

表 7-5　回归模型(1)样本企业行业分布情况

行业名称	数量(个)	百分比(%)	累计百分比(%)
多个归属行业	62	13.69	13.69
机械设备制造业	39	8.62	22.31
医药生物制造业	28	6.18	28.49
金属冶炼及压延加工业	27	5.96	34.45
工业化学品制造业	26	5.74	40.19
房地产开发业	25	5.52	45.71
电力生产业	23	5.08	50.79
电子生产及元件制造业	21	4.64	55.43
一般服务业	17	3.75	59.18
交通运输服务业	15	3.31	62.49
交通运输设备制造业	15	3.31	65.80

　　通过表 7-5 可以看出,样本企业中所占行业最多的是多个归属行业,所占数量在前 10 名的行业达到了总体数量的 65.78%,而且在所有的样本企业中,一共有 42 种行业,这说明我们的样本企业选择的范围还比较广泛。[①]

　　研究样本企业的数据主要来源于中国社会科学院经济学部企业环境社会责任研究中心(http://www.cass-csr.org/)和国泰安(CSMAR)系列研究数据库(http://www.gtarsc.com)。

---

①　邓学忠.企业社会责任财务论[M].北京:经济科学出版社,2014:94.

(二)变量的选取和计量

1.被解释变量的选取和计量

在研究中,选取的被解释变量有两个,一个是企业的总体投资水平(I),另一个是企业的研究开发支出水平(R&D)。

投资是指经济主体为获取经济利益而垫付货币或者其他资源于某些业务的经济活动。投资的主体指拟进行投资行为的企业或者企业所有者和个人;投资的客体是指投资人所拥有的经济资源,包括货币资金、有价证券等。投资活动的媒介即市场,包括货币市场、资本市场等多个领域。而这里所研究的投资为狭隘的投资,即投资主体是企业,投资的客体是固定资产和无形资产等实物投资,下面所要讲述的投资规模即企业为完成实物性投资项目需要的投资资金数量。对于这一方面,国内外已经有大量的文献,近些年在实证研究中他们主要使用现金流量表中的购建固定资产、无形资产和其他长期资产所支付的现金作为投资的替代变量。

这项研究的另一个被解释变量是企业的研究开发支出。目前,我国对于研发支出的披露还很不规范,对于研发支出的资本化计量也口径不一,在企业财务报告中或者环境社会责任报告中很难找到直接的研发支出数额,于是我们使用资产负债表中的无形资产净额以及开发支出两者的总额来替代企业的研发支出。

2.解释变量的选取和计量

企业环境社会责任的研究由来已久,而如何测量和评价企业对环境社会责任的履行一直是人们关心的重点,也是个难点。测量环境社会责任的方法主要有以下几种。

(1)环境社会责任会计法

先在会计信息披露层面上把环境社会责任信息分为四个类别,依次是社会资产、社会负债、社会成本和社会收益;然后,再分别对它们进行计量和披露。但是在实务中,与环境社会责任有关的问题通常是作为常规的财务会计问题处理,公司对相关的环境社会责任会计信息的披露不是特别规范和完整,现有的会计报表体系对公司的社会贡献情况反映也还不够到位,所以环境社会责任会计法在现实中的应用受到极大限制。

(2)年报内容分析法

通过分析企业已经公开的各类文件或报告来确定每一个特定项目的分值,然后根据这些资料所披露的环境社会责任信息的字数、行数或者页数来汇总得出对企业环境社会责任的评价。这种方法主要应用于会计研究,通常用来衡量社会维度(如 Gray,Kouhy,Lavers,1995)。年报内容分析方法虽然易于获得信息,操作也简单,但是在确定环境社会责任信息的各个小类时比较主观,而且 Pava 和 Krausz(1996)研究发现:公司管理层可以采用策略性语言来披露环境社会责任信息,即仅仅只表明公司从事了这方面的工作,而隐藏了公司在敏感的环境社会责任问题方面的立场。所以使用字数、句子数或者页数来进行计量,就可能使计量结果出现偏差。

(3)企业声誉法

企业声誉法是通过社会声誉来衡量企业的环境社会责任,这种方法首先向被调查者(如顾客、供应商、政府、社会大众、债权人等)发放调查问卷,然后被调查者对企业进行打分,最后再根据权重进行汇总。这种方法易于统一和量化,所以在环境社会责任研究的初期,很多研究者都选取了这种方法来衡量企业的环境社会责任。但是声誉法的缺点也非常明显。由于其自身的局限性,企业声誉法现在已很少被使用。

(4)专业机构数据库法

即利用专业机构的数据库以及评估报告结果来测量企业环境社会责任行为。Padgett,Galan(2010)以及 Barnea Rubin(2010)都使用了这种方法来研究企业环境社会责任。虽然我国的环境社会责任研究还处于初级阶段,但是 2010 年 4 月 23 日,中国社科院经济学部企业环境社会责任研究中心主办的《中国企业环境社会责任报告编制指南》应用研讨会上,已经宣布成立了中国最权威的企业环境社会责任报告评价组织——中国企业责任报告评级专家委员会,并颁布了《中国企业环境社会责任报告评级标准》。

（5）指数法

该方法是被普遍采用在环境社会责任信息披露研究中的一种方法。首先,对公司所披露的企业环境社会责任信息分成几个大的类别（如客户、员工、债权人、社区、政府等）;其次,再把这些大的类别分成几个小类别,并把每个小类分为定性描述和定量描述两种情况,然后进行赋值;最后,汇总得分,即为企业的环境社会责任分数。这种方法除了在界定类别时带有一定的主观性,其他的都非常客观,但在建立过程相对复杂,工作量大,尤其当企业没有披露环境社会责任报告时,得不到可靠的数据。

我们在对上市公司的年报和环境社会责任报告进行了仔细研究,经过对以上几种方法的对比之后,决定采用专业数据库法作为环境社会责任信息披露的计量方法,即利用中国社科院组建的中国企业责任报告评级专家委员会对环境社会责任报告的评分作为标准。

众所周知,行业不同,其环境社会责任议题的重要性也就有所不同。例如,金融企业在经营中能源消耗相对较少、排污也较少,环境敏感度低,因此这类行业环境社会责任的权重就相对较低,环境指标也更为简单些。所以对环境社会责任的评价就需要通用的指标体系。

2011年3月31日,中国社会科学院企业环境社会责任研究中心、中国企业联合会、中国石油和化学工业联合会、中国轻工业联合会、WTO经济导刊、中国企业公民委员会联合编著了《中国企业环境社会责任报告编写指南（CASS CSR2.0）》,2011年4月14日发布了《中国企业环境社会责任报告评级标准（2010）》,其对企业环境社会责任的界定主要是基于利益相关者之上。[①] 如表 7-6 所示。

表 7-6　企业社会责任的主要内容

利益相关方	主要内容
客户责任	客户责任是指企业向客户提供合格产品及满意服务的制度保障,主要包括企业客户关系的管理体系,以及企业在产品创新、产品质量管理方面的制度方针等
员工责任	员工责任是指企业对员工负责、促进员工与企业共同成长的理念、制度和措施,主要包括对员工基本权益的保护、平等雇用、职业健康、员工发展和员工关系管理五个方面
股东责任	主要包括投资者关系管理和资本保值增值,其中资本的保值增值又包括资本的成长性、收益性和安全性三个方面
商业伙伴责任	企业的商业伙伴包括债权人、供应商、分销商、竞争者等。伙伴责任即指企业对商业伙伴负责任的行为,主要包括企业的战略合作、责任采购、诚实守信以及公平竞争四个方面的理念、制度和措施
环境社会责任	环境社会责任主要是指企业在节能减排、保护环境方面的责任贡献,包括环境管理、节约资源能源和降污减排三大内容
社区责任	社区责任是指对社区的责任贡献,主要包括本地化运营、慈善捐赠以及员工志愿者三个主要方面
政府责任	主要包括守法合规、政策响应、税收贡献以及带动就业四个方面的责任

二、结论、局限及政策含义

关于环境社会责任与投资行为的研究,是根据中国企业责任报告评级专家委员会对中国企业的环境社会责任报告的评分选择了 453 家样本企业,并以该评分指标体系度量环境社会责任,检验了环境社会责任与企业投资的关系,结果如下。

---

① 邓学忠.企业社会责任财务论[M].北京:经济科学出版社,2014:96.

(一)企业环境社会责任与企业投资支出水平正相关

这个结论与数理模型的证明是一致的,即企业承担环境社会责任,就会增加企业的投资支出水平。这说明,责任型企业、环境社会责任型投资者在资本市场上对企业投资行为具有正向的激励作用,并且通过这种约束作用,可以促使非环境社会责任型企业主动去承担环境社会责任,从而增加企业的投资支出水平。

在我国经济转型过程中,抑制企业环境社会责任缺失、降低企业的环境社会责任风险需要处罚机制和正向激励的结合,政策上的一个重要举措是参照国家标准、制定与不同行业企业相匹配的环境社会责任评估体系,引导非责任企业逐步转化为环境社会责任企业。

(二)环境社会责任与企业研发支出水平正相关

实证结果证实,企业承担环境社会责任,会增加企业的研发支出。这说明,在我国工业化的现实阶段,尽管企业环境社会责任能力的提升涉及企业流程、生产技术和产品以及服务的全面转型,提高环境社会责任标准有助于增强企业的技术创新能力,而创新能力的提升又可以进一步激励、加快非环境社会责任型企业向环境社会责任型企业转化。

需要说明的是,这部分研究还存在以下不足。

(1)理论模型的证明依赖于对投资者和企业的分类,以及企业产出现金流的正态分布假设和投资者的风险规避假设,所以其与现实还是会存在一定差异的。

(2)研究使用上市环境社会责任报告质量作为对环境社会责任的计量,虽然存在一定的合理性,但依赖于环境社会责任信息披露的质量。[①]

---

① 邓学忠.企业社会责任财务论[M].北京:经济科学出版社,2014:107.

第四节 环境社会责任与财务评价探析

作为社会的有机组成部分,环境社会责任是上市公司义不容辞的责任。我国已经开始对上市公司的环境社会责任设立了专门的考核指标,引起了学术界对环境社会责任财务评价领域的研究。通过分析当前上市环境社会责任履行的现状,探讨了上市环境社会责任财务评价的现实意义。

一、上市环境社会责任履行现状及财务评价体系的意义

(一)环境社会责任履行现状

目前,有报告指出:中国企业环境社会责任水平不高,从 2008 年来看,在 100 强中国上市公司中,仅仅只有一成的上市公司发表了环境社会责任报告,而有 90% 的上市公司仍没有企业环境社会责任报告。相当一部分企业都存在着如下的问题:如对员工的健康、福利、安全方面等问题淡漠,没有公益意识、漠视社区建设,不关心劳工的保障,只关心采购环节中的价格问题。[①]

(二)环境社会责任财务评价现实意义

目前,关于对上市环境社会责任评价体系的研究,我国理论界尚处于初级阶段,评价体系缺乏统一标准。

我国上市环境社会责任评价确实存在评价标准不统一的问题,但这并不能作为上市公司认为环境社会责任履行与否都可以的借口。从财务角度来看,构建上市环境社会责任评价体系就是评价上市环境社会责任履行情况的一种办法。构建上市环境社

---

① 卢英.上市公司社会责任的财务评价体系应用研究[J].特区经济,2011(5).

会责任财务评价体系,不仅使传统企业财务评价得到拓宽,还全面、科学、深入地分析评价了企业生产经营情况,使企业管理者获得与之相关的财务信息。

然而,构建上市环境社会责任评价体系仅从财务角度方面构建,对上市环境社会责任绩效状况得不到全面、系统的评价,只能在某种程度上帮助利益相关者做出决策,即评判上市公司在对各利益主体履责与否以及履责程度。并且可以规范和引导上市公司履行环境社会责任,并能指导和协调上市公司的全面发展,实现评价企业的可持续发展。

二、构建上市环境社会责任财务指标体系的内容与方法

在构建上市环境社会责任评价指标体系时应采用科学的方法,使得其具有可操作性、可比性,既有定性又有定量,尽最大努力实现评价体系的普遍适用性和引导性,从而更加全面公正地评价上市环境社会责任履行情况。

(一)上市环境社会责任的基本内容分析

上市环境社会责任是指:债权人与股东的责任、对职工的责任、对供应商的责任、对消费者的责任、对政府的责任、对社区的责任、对环境资源的责任。下面逐一解析。

1.股东和债权人

投资者包括:债权人和股东。确保投资者有良好的回报,保证投资者投入的资产保值增值,实现其良好的公司治理,上市公司应当准确地将公司的财务状况报告给现有和潜在的投资者,为投资者准确投资提供相关依据。

2.职工

(1)在尊重社会公平公正的基础上与职工签订劳动合同,确

保公司员工受法律框架的薪酬、福利体系的保障,保证员工在符合法律和合同约定框架的情况下才能解聘。

(2)在一定程度上鼓励职工参与公司的管理、选举等民主活动。此处选取的指标主要用于衡量公司对员工利益的关注程度和对员工成长所做的努力程度。

3.供应商

要采取正当的方式获取利润,不能对上、下游企业进行压榨,在上、下游企业之间采取公平交易的方式,遵守诚信的商业守则,以实现共同发展。

4.顾客

顾客是企业服务的对象,尊重顾客的权益,满足客户的需求是公司的宗旨。我们都知道,实现企业战略经营目标的最根本驱动力是顾客,维护消费者权益、生产符合消费取向的产品是企业对顾客履行的责任。

5.政府、社区和环境资源

企业对政府、社区和环境资源的责任是一体的。上市公司必须按照国家有关法律法规的规定,合法经营、依法纳税,承担国家规定的其他义务,并接受国家有关部门的监督和干预。同时还要为提高企业声誉,扩大知名度,夯牢健康持续发展的基础必须积极承担社区责任。

然而企业往往是资源消耗和环境影响的大户。保护环境,节约资源的关键在于节能减排。企业应成为节能减排的主体,而上市公司应该是这里面的领军者。政府对企业征收税款,很重要的一部分是用于社区建设。

(二)对环境社会责任财务评价指标体系构建进行相关说明

主要对财务评价数据来源和非财务数据评价进行说明,具体如下。

1.财务评价的数据来源

上市环境社会责任财务责任指标包括：市场收益率指标、会计指标。市场收益率指标侧重于对股东的回报，是指资本市场的交易数据，能对上市公司承担环境社会责任和相关财务业绩的关系及时地做出反应。而会计指标侧重于整个公司的经营成果，是指公司的财务报表数据，具有更强的解释上市环境社会责任的能力，具有稳定性的特点。

目前，在我国资本市场的有效性较弱的情况下，进行上市公司社会责任财务绩效综合评价应选择市盈率指标，并且与会计指标有机结合。[①]

2.非财务数据评价

上市公司有许多利益相关者，对于上市环境社会责任绩效评价指标体系来说，还应包括一些非财务指标。如职工的年龄、工作时间长短、劳动强度、最低工资保障等都反映了职工权益的非财务指标。另外，社会公益行为、客户责任、资源环境等也能体现出环境社会责任履行程度。

总之，上市环境社会责任的履行和评价体系的完善，正是贯彻科学发展观、构建和谐社会的要求。在社会主义市场经济下的上市企业，在追求赢利、从社会获取利益的同时，应该以高度的责任心关注它赖以生存的社会。只有力争赢利、遵守法律、重视社会公德的企业才能在自身发展中与社会形成良性互动，真正实现科学的可持续发展。

---

① 卢英.上市公司社会责任的财务评价体系应用研究[J].特区经济,2011(5).

第八章　国外公司社会责任发展及经验借鉴

公司社会责任在世界各国都对企业的发展起到了重要作用，但根据每个国家不同的背景，其公司社会责任的发展与实践也有所不同。下面对美国、英国、法国、德国以及俄罗斯的公司社会责任进行分析。

第一节　美国公司社会责任实践

美国公司社会责任实践在世界范围内属于比较领先的，并且因为其在国际社会上的影响力较大，故美国的公司社会责任实践会被其他国家效仿和学习。下面就美国的公司社会责任进行一定分析。

一、美国的公司社会责任

(一)在美国起源的公司社会责任具有很强的传播力

随着世界经济趋向全球化发展，一些美国企业出色的财务业绩使它们逐渐发展为极具影响力的跨国公司。因为它们的影响力，使它们在公司社会责任方面的表现更可能被借鉴。当今社会各个领域都呈现全球化趋势，随着地理、国界、种族之间的差异逐渐缩小，公司社会责任实践的差异也在缩小。在未来，很可能出现较为统一的国际公司社会责任标准,也会产生全球性的跨国企业社会责任实践。

(二)美国企业经常通过合作履行其社会责任

有很多企业通过合作的方式开展公司社会责任活动,合作对象可以是其他企业、政府、非政府组织,或者可以进行多方合作,通过建立合作关系更好地处理公司社会责任问题,根据合作者的利益和能力的不同建立不同的合作关系。这种合作一般都是与公司关联比较强的组织机构开展的,公司很少会与关联较少的组织机构开展合作,但也有个别情况,例如 General Mills 与人类家园因墨西哥湾沿岸学生建设项目建立了合作关系。一般情况下,合作会使合作双方同时获利,合作者之间会考虑自身利益开展合作,同时,这种履行企业社会责任的方法会为其带来很好的宣传效应。

(三)美国企业利用市场机制履行其社会责任

因为市场机制的原因,美国企业在没有政府的过度指导的前提下,也会积极参与公司社会责任活动。企业利益相关者会在多个方面对企业施加压力,因为市场选择的原因,企业不得不积极履行公司社会责任,以此使相关利益者安心。新市场的开发、新贸易工具的研发、额外的小额信贷项目以及消费者对产品安全的要求、投资者对严格披露的需求,都有可能推动企业社会责任实践。

对于美国企业来说,经营自主权对其公司社会责任实践的作用越来越明显。一方面,一部分企业致力于设计新产品、新项目,并积极地履行其企业社会责任;另一方面,一部分企业有意忽视企业社会责任,进行着不负责任的生产经营活动。目前的美国市场经济环境,决定了美国企业履行企业社会责任的可选择性,因为并没有强制性的举措要求它们的行为。想要通过企业社会责任实现"共赢",需要更谨慎、更切合实际地审视社会责任体系。为了更好地发展企业社会责任实践活动,应该更为详细地对利益相关者之间的关系进行审视,建立一个科学的集成性系统。

二、美国企业社会责任实践及其与利益相关者的关系

(一)利益相关者对企业社会责任实践的影响

企业必须满足利益相关者的要求,对于利益相关者关心的企业社会责任问题必须要谨慎处理。企业的利益相关者对企业的社会责任提出要求,要求其必须履行对员工、社区和环境等各方面的责任,同时,企业员工也要帮企业处理一些复杂、紧迫的社会问题。与此同时,利益相关者应该为企业提供各种资源,包括人力、物力、财力资源,保证企业可以正常运行。

企业是处在一张各种相关者组成的利益网中的,想要在这张网中生存,就要满足各个利益相关者的愿望。企业开展企业社会责任实践活动的最后一步就是成为一个优秀的企业公民,而优秀的企业公民就要关注并满足利益相关者的需求,因为利益相关者可以直接或间接地影响企业的经营活动。企业利益相关者对企业的影响如下图 8-1 所示。

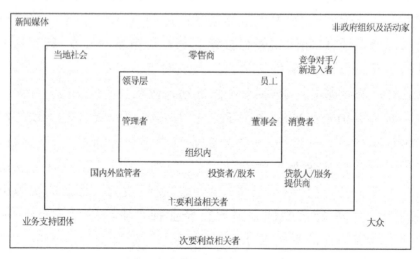

图 8-1　利益相关者对企业的影响

(二)聚类分析

为了明确对企业社会责任实践有积极作用的组织,可以通过聚类分析进行。可以将这些组织进行组织配置,第一类为员工、消费者和供应商;第二类为员工、消费者、供应商和金融投资者;第三类为员工、消费者、供应商、金融投资者和慈善;第四类为金融投资者、慈善和环境。

一些企业将企业社会责任活动与重要的利益相关者联系起来。根据聚类研究的分析,前三类为某种连续统一体,第一类和第三类为极端,第二类介于二者之间,第四类则存在于这一连续体外。通过前三类可以看出,企业的企业社会责任实践会直接影响员工、消费者和供应商,之后会涉及投资人,最后扩展到一般大众。在第四类组织配置中,企业社会责任不再是企业的重要活动。通过以上分析可以看出,企业开展企业社会责任实践不仅是为了满足基本利益相关者的要求,更是为了实现企业在此基础上的可持续性发展。

第一类和第二类比较适合传统的管理资本主义,在传统管理资本主义中,企业只与员工、供应商、金融投资者有关,企业从他们那里得到资源,再利用这些资源向消费者提供产品和服务。第三类和第四类中涉及更多的利益相关者,使更多利益相关者将对企业的认知考虑其中,在这种情形下,投资者是受到企业活动影响的利益相关者之一。

(三)类与类之间的不同

1.利益相关者的影响

在不同的类别下,利益相关者的影响也不同。利益相关者对企业的影响决定了投资者和高层管理人员在企业社会责任实践中的位置,因为总裁或董事参与治理社会和环境问题会决定该企业应该承担的企业社会责任的范围。

目前很多行业竞争都很激烈,加上全球化的影响进一步加强了竞争,这就导致企业更加依赖外部环境来建立良好的社会关系和企业形象。其中,竞争者因素在第四类中的影响要大于第二类。在竞争激烈的市场中想要吸引消费者的注意力,就需要企业树立独特的企业形象,通过企业社会责任实践可以帮助其达成目标。比如企业通过重新定义并建立与利益相关者的关系可以帮助它们创造更多价值。

工联、地区级公司、媒体和监管机构对第四类产生的影响最大。在其他条件相同的情形下,企业规模越大,其知名度和影响力越大,公众对其的关注也相较其他公司会更多。为了维护企业形象,这类公司会更加注意企业社会责任实践活动的开展,因为凸显责任感才能使公众对其保持良好印象。

2.管理人员对企业社会责任对绩效的影响力的认知

企业开展企业社会责任活动可能会导致其财务业绩有所损失,但在其他方面都会受益。但不同类型的企业,企业社会责任为企业带来的积极作用大小不同。企业社会责任在员工素质提高方面,第三类的效果大于第一类;在知名度方面的影响,第四类大于第一类;在政府支持度的影响方面,第四类大于第一类和第三类。因为第四类企业的规模往往较大,这就决定了公众对其知名度的重视,所以当企业社会责任实践可以提高其知名度,并且可以进一步得到政府支持时,企业就会对企业社会责任进行投资。但第一类企业一般认为企业社会责任不会为企业带来额外利益,所以这类企业一般不开展企业社会责任实践。但反过来说,也许正是因为这类公司不进行企业社会责任投资,导致它们无法感知这种投资带来的益处。

3.组织绩效

通过相关统计和分析可以看出,第四类企业的销售收入相较于其他三类更高。这是因为第四类企业普遍成立时间较久,企业规模也比较大,所以其经营规模也会相对较大。

通过方差分析看出,在对提高企业在当地社区内的形象、社会状况和经济状况的期望方面,在不同类的企业中出现了明显区别。第三类和第四类企业在企业社会活动方面相对成熟,所以在企业形象、社会状况以及经济状况方面的表现会更好。这正表明企业开展企业社会责任活动有利于建立良好的企业形象,企业形象也会反作用于企业社会责任。

第二节　英国公司社会责任实践

英国公司社会责任已经有两百多年的研究历史。但随着时代的变化,现在的公司社会责任与传统的公司社会责任已经有了很大不同。英国一直是这个领域的领先者,公司社会责任实践在英国企业经营中占有十分重要的地位。

一、英国公司发布企业社会责任报告的动机

曾经有学者对英国公司发布企业社会责任报告的动机进行了调查。他对 40 家英国公司进行了调查,将写有调查目的的信件寄给这些公司并请它们给出答案。经过调查发现,全部受访企业都有专门负责企业社会责任的董事会成员。同时,这些受访企业都有负责企业社会责任的经理。但关于这些公司是否专门设立了企业社会责任部门,以及该部门由多少职员组成并没有进行说明。这些受访公司的回复形式也不尽相同,不同公司的回复类型如下表 8-1 所示。

表8-1 受访公司回复分类

提供解释	提供企业社会责任报告	提供年报	提供网站
阿比国民银行	森特里克	贾维斯	阿斯特拉捷利康
阿斯特拉捷利康	科斯坦	北方食品	布拉德福德和宾利
鲍佛贝蒂	友诚公司	天达集团	森特里克
布拉德福德和宾利	英国航空		友诚公司
英国航空	mmO2 公司		特易购
英国天然气集团	苏格兰皇家银行		
英国电信	特易购		
国际电力	3i 集团		
玛莎百货			
国家电网输电			
特易购			
3i 集团			

从上述研究可以得出以下基本结论。

第一,有近一半的 FTSE100 受访企业于 2000 年或是不久以后开始发布企业社会责任报告,这个时间与英国前首相托尼·布莱尔在劳动党政府任命企业社会责任部长吻合。

第二,一些公司开展企业社会责任实践的动机值得注意,其中包括企业历史背景、企业的管理文化和管理模式、企业的经营模式等。

第三,一些行业企业的经营方式与利益相关者对其评价有很大的关系,这很大程度上影响了这种评价。如果一家企业在企业社会责任方面履行得不好,甚至是已经造成了不良影响,那么相关利益者对该企业的评价就会降低,同时还可能受到一些激进分子的批评甚至制裁。所以企业要对其经营方式加以重视。

(一)受访企业发布企业社会责任报告的原因总结

所有的受访企业都认为改制利益相关者企业社会责任履行

情况有助于社会进步;50%的受访企业认为发布企业社会责任报告是可以满足公司报告的最佳实践;30%的受访企业认为发布企业社会责任报告可以公开展示其管理模式,是一种宣传的方式;20%的受访企业认为除了财务报告外,应该向利益相关者提供更多其他非财务情况报告。除此以外,受访企业还提出了可以以此获得公共关系收益、展示企业对企业社会责任的重视、充分满足利益相关者在这方面的要求等理由。关于英国企业发布企业社会责任报告的原因可以总结为表 8-2 的内容。

表 8-2　发布企业社会责任报告的原因

企业声誉	利益相关者的压力	经济表现	真正的关心	广泛的社会文化原因
提供更全面的信息	告知利益相关者	满足公司报告的最佳实践	确保员工追求公司目标	展示一种公开的管理模式
满足公司报告的最佳实践	提供企业更全面的信息	从企业社会责任获得公共关系利益	展示一种公开的管理模式	显示企业社会责任对于公司的意义
从企业社会责任获得公共关系利益	满足大部分利益相关者对于信息公开的要求	满足大部分利益相关者对于信息公开的要求	显示企业社会责任对于公司的意义	支持企业核心价值观,将其作为企业良知
显示企业社会责任对于公司的意义	遵循英国政府的要求	确保员工追求公司目标	向利益相关者展示非经济事务同样重要	继承公司创立者创立的企业文化
向利益相关者展示非经济事务同样重要	响应上级机构或政府部门的问卷调查	响应上级机构或政府部门的问卷调查	作为企业经营实践不断发展的推动力	显示高级管理层赞同满足不同利益相关者需要的文化

续表

企业声誉	利益相关者的压力	经济表现	真正的关心	广泛的社会文化原因
改善企业声誉	告知读者企业在如何发展企业社会责任：取得的成功与面临的挑战	对年报进行补充，对经济、社会、环境表现做全面评价	告诉世界企业除获取利润以外扮演的社会角色	根据企业社会责任理论确定经营活动的步伐

(二)非营利性实体——英国高校的企业社会责任

除了营利性机构，非营利性实体也负有企业社会责任，其中就包括高校。关于英国高校在企业社会责任中承担的社会责任如下。

第一，鼓励民众积极参与高等教育。英国一般通过鼓励广泛参与理论鼓励那些有前途的学生和少数民族的学生进入高校进行学习，同时还鼓励成人进行高校再教育

第二，高校应该帮助发展和交流可持续性发展的成果。

第三，高校应该跟进时代进行教育改革创新，为高校教育体系的发展做出贡献，推进高校教育体系的健康发展。

第四，高校应该对其开展的活动造成的影响进行科学管理，这包括经济、社会、环境等方面的影响。

第五，应该充分考虑和满足高校利益相关者的愿望，使自身成为合格的企业公民。

第六，社会在进步，教育也应该进步，高校应该保持自我更新，努力满足社会对高校教育的创新需求。

第七，建立和完善更好的社区服务系统，营造良好的高校社区环境。

第八，为了培养更符合时代要求的优秀学生，高校应该为学生的发展创造更富有挑战性的环境，支持他们全面发展。

第九，管理者和管理部门应该投入更多精力对高校进行管理，应该投入更多感情，并担负起更多责任。

　　在企业社会责任方面,非营利性企业与营利性企业同样重要,只是两类企业需要履行的社会责任不尽相同,履行责任的方式也有所差异。随着社会进步和时代发展,传统的企业社会责任的履行与现在已经不同了,现代企业不应该再被动地去履行企业社会责任,而是应该自觉主动地了解自己应该承担的责任,并积极履行责任。因为在现在的社会背景下,只有这样才能保证自己是合格的企业公民。

二、英国公司展示企业社会责任的方式

　　几年来,英国企业逐渐意识到了开展企业社会责任实践的重要性。因为投资企业社会责任可以为其带来巨大利益,并且企业社会责任与社会息息相关,如果不履行企业社会责任可能会对企业造成难以挽回的不良影响。因此,很多企业都开始重视企业社会责任活动。

　　特易购、阿斯达、莫里森等大型超市发现从发展中国家进口到英国的一些商品的生产存在一些问题,其中包括工人工资过低、生产环境恶劣和雇用童工等,这些现象是他们不能接受的。这些零售商是公平贸易商标组织的成员,该组织可以保证种植园主和工厂主避免或最小化这些问题。英国具有巨大规模的公平贸易货物市场,并且这个规模还在不断扩大,与此同时,这个市场中的参与交易的组织也越来越多,签署公平贸易协议的组织也在逐渐增加。

　　在企业社会责任方面,许多英国企业都做出了很大努力,可以用玛莎百货作为实例。在玛莎百货商场内的显著地方会有明显标语:"根据本店对动物福利的承诺,本店不出售羊毛制品;本店绿色染料不会污染环境;本店保证店内衣物经过试穿检验。"

　　除此之外,玛莎百货还在很多方面进行了努力,力图将企业社会责任活动融入他们的日常工作中,而这些努力会对其经营产生良性影响。下面有一些玛莎百货对企业社会责任的承诺。

　　盐——我们在保证健康的基础上以优于行业标准的要求减少盐含量。

　　环境——我们负责地对化学肥料进行合理的处理。

　　油脂——我们以优先于整个行业的方式移除硬化油脂。

　　耐磨性——我们保证我们的产品耐磨性极佳。

　　回收——我们严格地实施回收。

　　可持续性——我们负责地进行捕鱼行为,并积极参与保护濒危物种。

　　耐洗刷性——我们保证我们提供的是易清洗的产品。

　　自由放养——我们销售和使用自由放养的鸡产的鸡蛋。

　　非基因改造——我们保证我们的食品使用的是非基因改造食材。

　　动物权利——我们关注并保护动物权利,不提供相关产品。

　　除了玛莎百货外,很多英国企业都积极地履行其企业社会责任,开展了许多相关活动。一些企业通过捐款的方式开展慈善事业,他们会将企业营业利润的一部分捐给慈善机构,表示它们履行企业社会责任的诚意。

　　一些企业通过减少二氧化碳排放的方式履行企业社会责任,还有很多其他的方式方法。在英国,积极履行社会责任在英国公民心中是一个根深蒂固的理念。

第三节　法国公司社会责任实践

　　法国的公司社会责任概念有内在的英美传统,但是又融入了法国自己的文化。本节在法国的公司社会责任概念的基础上,对其公司社会责任实践进行一定分析。

一、对企业社会责任的不同战略定位

(一)唯意志论的公司：从战略主义者到机会主义者

第一类企业对于企业社会责任活动十分热衷,并将企业社会责任作为企业战略计划的一部分。这类公司被称为"战略主义者",他们承受着施压团体带来的巨大压力,同时又明确知道投资企业社会责任带来的巨大利益,在这种情形下这类公司将企业社会责任融入其全球战略中。

第二类企业对企业社会责任没有第一类企业那么热衷,他们对环境和社会问题的态度一般是取决于企业原始目标的历史价值。这类企业被称为"承诺型"企业,这类公司在企业社会责任方面的承受的外界压力比较小。这类企业会根据企业社会责任的历史价值寻找机遇。这类企业会通过结合人际关系政策与环境和人类行为方面的严格管理,通过调整产品和服务来解决公司、社会和环境责任问题。

第三类企业是一类正在积极承担社会和环境责任的企业,这类公司知道他们承受越来越强的可持续发展压力,为了实现其可持续发展开始积极履行其企业社会责任,但他们的企业社会责任实践具有局限性,缺乏全局性,这种行动没有表现在其市场活动中,这类企业被称为"关注型"企业。

(二)企业社会责任成为一种束缚："目标"与"进入者"公司

很大一部分法国企业将可持续发展纳入其发展规划是因为这是不得不为的一种选择,尤其是一些规模较大企业。这些企业首先包括将环境与社会问题纳入其"理想目标"的公司。当可持续发展成为这类企业的目标,就会受到相应的约束,在面对一些企业社会责任问题时,他们必须采取相应措施以保证其发展目标的实现。

还有一类被称为"进入者"的企业,这类企业没有承受很大的外界的压力,但他们会自觉履行企业社会责任,这类企业将企业社会责任放在首位。目前越来越多的企业在向这类企业靠拢,这类公司有时为了履行其企业社会责任做出一些违背其战略的行为。

(三)中小公司:仍然处于企业社会责任的初级阶段

法国的经济主体是由中小公司和中小行业构成的,有大量的企业员工人数不足10人。绝大部分法国中小型企业并没有履行其企业社会责任,并很少会在这方面做出承诺。但法国的中小型企业的可持续发展意识正在显著增强。一部分中小企业已经开始将企业社会责任划入其战略计划中。但是这些企业的管理人员对企业社会责任的理解还有很大的局限性,认为企业社会责任问题只是环境问题,大部分管理人员无法从经济、环境和社会三个方面进行系统的理解。为了鼓励中小企业和中小行业履行其企业社会责任,有许多措施也在实施中。一些人认为目前对企业社会责任评价的工具不合适,很多企业针对这个问题进行研究,并提出了"全球表现"和"企业报告"这样的方法。随着企业社会责任越来越受到重视,其评价工具也在不断进步,很多企业和机构都在这方面进行了努力。同时法国质量保证协会发明了SD21000指导法,这是一个十分优秀的评价工具。

根据调查发现,中小企业是否履行企业社会责任很大程度上是由其管理者的意念决定的,这一现状是不合理的,应该及时进行转变。应该推进外部约束对中小企业履行企业社会责任的作用,促使这些企业积极履行责任。目前,促进中小企业的企业社会责任发展可以从两个方面进行。第一是通过要求大型企业的中小供应商必须履行企业社会责任,通过连带的方式促使中小企业遵守可持续发展行为准则;第二是加大中小企业面临的外界压力,通过外界压力促使这类企业为了生存和发展必须履行企业社会责任。

二、各类企业实践中反映的社会和环境责任

(一)对道德宪章和行为准则的普遍认可

有些研究显示法国企业在遵守环境宪章和行为准则方面不如美国企业,但近年来法国企业在这方面有了很大进步。越来越多的法国企业签署了环境宪章,很多企业确定了企业原则和价值观,并制定了其的行为准则。很多企业社会责任的问题被纳入其中,例如遵守规则、健康安全和环境问题等。虽然法国企业在企业社会责任方面有了进步,但仍存在很多问题,例如在制定企业原则时,很少有公司参考国际劳动组织惯例;很少公司在制定相关准则时提到了雇用童工的问题。同时这些都是形式化的文件,对于其中提到的企业社会责任承诺都是照本宣科,并没有制定具体的执行计划。这些宪章和准则对公司起到的是保护作用。

这些文件对企业的合作方并不具有约束力,所以企业冒险不履行其道德承诺,对其承包商的行为放任不管。但也有例外情况,比如家乐福会与合作对象签订合同,强制其遵守国际劳动组织的基本准则。

(二)在企业社会责任方面的努力成果情况

跨国企业往往面临比较复杂的企业社会责任问题,所以它们是公众注意的焦点。跨国企业一般都会面临异地建厂和转包的问题,这种行为本身就是与可持续发展相悖的。跨国企业面临的企业社会责任风险有很多,例如一些地区存在工作环境恶劣、工资过低、雇用童工等问题,这些行为都被非政府组织严密监控。很多跨国企业为了避免或是降低这种风险都制定了相应的计划,以保证其经营是符合企业社会责任要求的。例如,标志雪铁龙集团承诺在其经营活动中尊重人权,公司与其拥有超过500名员工的工厂所在国家的所有贸易联盟组织达成了相关协议。除此以

外,跨国企业还会积极参与到当地的企业社会责任活动中,例如会参与一些捐款或是投资活动,以支持当地的事业和发展,例如法国电力公司为法国最贫困的地区提供电力。

虽然很多企业在履行企业社会责任方面进行了努力,也签署了相应的协议,同时这些协议也是公开透明的,但仍有一些人借由这种事情进行腐败活动。有调查显示,法国企业在腐败政策透明度的问题上做得并不好。对于一家企业来说,出现腐败问题对其声誉会有很大影响,会对其经营活动造成负面影响,所以法国企业很少提及腐败问题,即使提起也是用十分官方的口吻。但目前越来越多的企业注意到反腐的重要性,这种重视态度对其预防腐败有所帮助。

(三)公司与非政府组织之间的合作更多、更紧密

近年来,企业与非政府组织之间的关系发生了很大变化。越来越多的企业参与到慈善事业中,企业基金事业也有所发展,越来越繁荣。同时,企业与非政府组织之间的关系相较以前有了非常大的转变。曾经企业与非政府组织总是处在对立面,不能和谐共处,但现在这种关系得到了改善,目前的企业和非政府组织逐渐走向和谐的合作模式。对于这两个集团来说,他们可以通过共同的目标共同努力,通过合作的方式达到双赢的结果。

例如,家乐福公司与国际人权联盟之间建立了良好的合作关系,在家乐福在一些环境和人权受到质疑的地区建厂时,国际人权联盟就会起到很大作用;赌场与国际特赦组织进行合作,特赦组织会对建立合作关系的赌场进行道德监督,建立合理有效的道德准则;从事环境管理和污水处理工作的苏伊士集团与法国专门支持地方发展计划的非政府组织 ESSOR 建立友好关系,ESSOR可以帮助苏伊士集团对一些地区出现的污水河污染问题进行处理。除了这些企业还有更多企业与各种非政府组织建立起友好的合作关系,这种友好关系可以帮助他们处理很多棘手的问题,帮他们更好地履行其企业社会责任。

(四)地方政府的作用越来越重要

权力下放法案和国家区域发展政策使法国政府在一些方面发生了改变,也促使地方政府与其他经济和社会因素的关系发生了改变。对于地方政府来说,他们也希望促进当地经济实现可持续发展。关于地方政府的重要作用多次被国际会议提出,并且对其作用越来越加强强调。目前很多地方政府都改进了其发展模式,他们努力依靠本地资源创造财富和提供工作机会,同时加强对企业社会责任的注意,一直将可持续发展作为工作目标。

地方政府还可以通过公共采购合同影响公司行为。公共合同准则中提到,要促进就业以及保护环境。政府通过公共合同准则对企业进行管理,其中受到影响最大的是中小型企业。这要求中小企业要把这一准则作为企业社会责任来履行。在可持续发展方面法国提出实施了公共购买计划,通过这个方式促进各个企业履行其企业社会责任。同时,为了更好地分享公共购买经验,地方政府设立了公共支出和可持续发展的网站。随着可持续发展的理念扩张,"道德公共购买"网站的地方政府成员越来越多。

第四节　德国公司社会责任实践

为了实现企业的持续发展,德国企业十分重视其公司社会责任实践。经过对企业社会责任理解的加深与分析,德国企业在公司社会责任实践方面有自己的方法和准则。

一、德国公司社会责任的范围

在德国,环境部在企业社会责任中占据十分重要的地位,它对推进可持续发展有很大作用。德国环境部为工业活动的发生和经营行为提供法律框架。

德国的企业社会责任包括的典型活动领域如下所示。

企业内部：

第一，人力资源管理。

第二，企业职员健康与安全管理。

第三，根据环境变化采取适应行动（企业重组）。

第四，对企业环境问题以及自然资源的管理。

企业外部：

第一，社会对企业的要求。

第二，企业伙伴、供应商和消费者。

第三，人权问题。

第四，全球性污染与环境问题。

从企业内部角度进行分析，主要是关于企业的经营管理方面需要注意的问题；从企业外部角度进行分析，主要是企业与社会之间各类关系的处理问题。德国的企业社会责任呈现的是内外交互的形式，对于德国企业来说，企业内部与外部的企业社会责任问题都不会被忽视，他们知道企业社会职责的重要性，十分注意社会责任的履行，积极维护其企业形象。

德国环境部将这些方面区分为核心业务流程、治理与管理体系和参与当地社会三个方面。其中，治理是指公司内部管理制度，包括前景、策略和与利益相关者沟通这几个方面。企业社会责任活动范围如下表 8-3 所示。

表 8-3　德国企业社会责任的活动范围

	前景与策略	
	企业社会责任的环境维度	企业社会责任的社会维度
治理与管理体系	与内、外部利益相关者的沟通	
	环境管理	社会领域管理
核心业务流程	运营环境保护	员工利益
	供应链中的环境保护	供应链中的工作环境与人权
	综合产品政策	对消费者及消费者利益的保护

	前景与策略
当地环境/社会	参与设计政策框架,反腐败
	企业公民:捐赠、赞助、志愿活动等

二、公司角度的企业社会责任与德国的企业社会责任

一些公司总将企业可持续性发展与企业社会责任当成完全相同的概念,将两个术语交换使用。但是一些公司在实际中只会重点处理社会和环境方面的问题,但可持续发展包括经济、社会和环境三个方法,所以上面的那种处理方式是不完整的,并不能将其和可持续发展画等号,但一些公司即使在经济、社会、环境三个方面处理问题也会出现一些问题。对于一家企业来说,经济问题绝对不可忽视,所以企业同样需要承担经济方面的企业社会责任。只有将经济责任、社会责任和环境责任整合统一看待,才能实现可持续发展。经济问题是企业自建立开始就面临的最重要的问题,目前也有很多工具来处理企业的经济问题。相关机构和政府部门也会通过法律法规要求企业必须公开透明的公开其财务信息。所以看出,经济问题是企业一直面临且持续处理的问题。所以很多情况下可以将企业社会责任与企业可持续性看作是一个概念。

关于德国的企业社会责任发展趋势方面,德国生态经济机构和德国中小企业建立的环保组织每两年公布一个关于企业社会责任方面的排名,将选取的 150 家德国企业进行一个企业社会责任履行情况和透明度程度的排名。这个排名中名列前茅的企业来自很多不同行业,但无疑他们都是在企业社会责任方面杰出的企业,这些企业来自能源、化学、银行、汽车制造等多个行业领域,这就可以看出,任何行业和领域都可以很好地履行其企业社会责任,实现可持续发展。

可以通过几个实例对德国的企业社会责任实践进行分析。

德国拜耳公司是知名度很高的化工企业,为了履行企业社会责任,实现可持续发展,拜耳集团提出了"拜耳气候计划",致力于减少经营活动中的碳排放量。同时,拜耳集团还在持续探究新的方法来保护环境,希望可以通过努力更好地对自然环境和气候变化采取措施。

宝马汽车集团是世界知名的汽车行业企业,宝马集团在艾滋病问题上做出了贡献。宝马集团为了支持发展中国家解决艾滋病问题,在南非建立了"Love Life"信托机构,并设立了青少年预防中心。

德国汉莎航空集团在企业社会责任实践方面也进行了很多尝试,积极投入这项活动中。汉莎航空集团的企业社会责任实践不仅涉及航空业自身的活动框架,还积极参与航空附属行业的活动中。例如,为航线提供食物的汉莎天厨公司,利用环境技术节约资源;在科隆机场,汉莎集团为了使用更加环保的能源,建立了热泵能源系统;为了更好地节约能源,汉莎集团将从发电厂取得的压缩热量和其他生产设备运输到德国汉莎航空公司科隆总部的一个中央"热量储备容器"中,使用这些热量为建筑物供暖。

德国邮政服务部门也积极开展企业社会责任实践,对于企业社会责任活动,建立了四项原则,即环境、人民、社会与资本。公司的理念是通过确保经营活动的生态安全性来保持其经济上的成功。同时,该企业认为在当地应对全球化的问题时,企业应该承担相应的企业社会责任。

通过以上这些实例可以看出他们对企业社会责任实践的重视,他们将其放在十分重要的位置。同时,通过对企业社会责任实践的宣传,会得到公众的支持,提高企业的知名度和企业形象,可以当作是一种市场补充工具。除此以外,德国企业乐于将企业社会责任活动与技术创新和技术联系在一起,尤其是食品、航空和汽车制造行业。很多与技术相关公司的经营理念都是通过技术的进步和创新来履行企业社会责任,这种履行企业社会责任的方法也被很多其他公司借鉴和尝试。

第五节　俄罗斯公司社会责任实践

公司社会责任与公司信息披露之间有很重要的联系,通过信息披露可能帮助企业正视自身的问题并进行改进,并履行其公司社会责任。本节就俄罗斯的企业社会信息披露进行分析。

一、俄罗斯社会经济环境

俄罗斯 2015 年的 GDP 为 13113.71 亿美元,世界排名第 13 位。随着苏联解体,俄罗斯的经济制度由中央计划经济体制转变为市场经济体制。俄罗斯的大部分出口收入来自石油、天然气和矿物资源。

从地理层面来说,俄罗斯是全球领土面积最大的国家,截至 2013 年年初人口达到 1.43 亿,而且俄罗斯人口的受教育几乎达到 100%,2012 年受高等教育人口比例达到 53.5%,排名世界第一。目前,俄罗斯面临的主要社会和环境问题包括艾滋病、人权、工业污染和腐败。俄罗斯的艾滋病增长速度世界第一;人权一直是一个十分重要的问题;因为工业发展的原因,工业污染是俄罗斯面临的一个重大问题;腐败问题一直困扰着俄罗斯,在"2015 年度各国清廉指数排名"中位列 119 位,综合评分仅 29 分。随着市场经济的发展,俄罗斯的经济市场出现了很多变化,同时,伴随着经济改革,俄罗斯的政治制度和法律制度也进行了改革。

虽然经过了改革,但民主机构和法律制度的设立依旧需要加强建设。虽然公民社会团体可以对企业和政府施加压力,帮助其改善现在的社会、经济状况,但是这种压力并不大,应该加大公民社会团体的作用。在这种情况下,俄罗斯的企业社会信息披露做得并不好,需要进一步发展。

二、对俄罗斯信息披露的研究结果与分析

该研究是以俄罗斯最大的 20 家公司的公司年报作为基础的,研究涉及了 10 个行业。

(一)员工信息披露

从员工信息披露中,可以了解各类与员工相关的问题,例如员工薪酬、员工数量、员工福利以及培训与发展等。在被调查的企业中,有 90％的企业进行了员工信息披露。20 世纪 90 年代是俄罗斯的变革时期,这个时期出现了就业率下降、工资水平价格低等社会问题,并且引起了严重的后果。但是没有企业对工资拖欠的问题进行信息披露,因为这不包括在信息披露的范围内。大部分公司对员工工资方面的信息披露都集中在工资增长或是增长计划上,但问题是,这些所谓的工资增长的来源是裁员、机构重组和合并改造。

很多公司为了提高企业效率和投资效率而进行裁员,整个企业部门的重组和退出带来了大量相关人员的减少,但同时一些更符合当时要求的员工数量有所增加。例如,在 2004 年,卢克石油公司净裁员人数比例达到 2.7％,同时机构重组和工资提高带来了人均薪酬上升 20％。在当时那个阶段,裁员与工资增长总是相伴出现,呈现出一种相互平衡的状态。

企业进行员工信息披露是为了全面了解相关情况,根据结果对员工福利进行改善。其中,这些计划包括:

第一,企业提供的医保制度以及治疗方法。

第二,建设和提供休闲娱乐和运动建设设施。

第三,提供除了医保制度外的补充性保险。

第四,采取措施帮助提高员工生活质量。

第五,在一定条件下向员工提供无须偿还的财政支持。

第六,向企业资深员工和退休员工提供相应的支持。

第七,提供免费工作餐或执行合理的餐补制度。

1.奥斯科尔电冶金公司

根据奥斯科尔电冶金公司 2004 年的年报提供的信息,可以将其社会计划的开支进行量化,如下表 8-4 所示。

表8-4 奥斯科尔电冶金公司信息披露

财政趋势	2003 年(百万卢布)	2004 年(百万卢布)	增加额
社会设施建设,包括:	909	115.4	+24.5
一医疗、保健、健身等	66.5	77.1	+10.6
一其他	24.4	38.3	+13.9
集体协议和社会收益,包括:	21.6	35.2	+13.6
一集体协议	14.7	17.1	+2.4
一社会收益	6.9	18.1	+11.2
其他社会导向的计划	20.4	25.9	+5.5
总计	132.9	176.5	+43.6

从上表可以看出,在 2004 年,奥斯科尔电冶金公司在社会项目上的大部分支出都用来建设社会设施,其中包括医疗、保健、建设和其他方面的建设。除此以外,该公司还为其他社会导向项目提供资金。奥斯科尔电冶金公司在社会政策方面很重视预防和降低工人的疾病发生率,有很多企业员工以及儿童接受了公司保健中心的治疗,公司从企业利润中提出一部分用于员工疾病预防与治疗,用企业基金购买身体凭证。

2.俄罗斯航空公司

除了基本的员工信息披露外,对员工的培训和发展的信息披露也是一个重要的项目,被调查的公司中有 75% 的公司对此进行了信息披露。随着社会进步与经济发展,企业面临更多挑战,企业员工为了适应新时代应该具有相应的能力和技术,这就要求企业提供培训和发展机会。为了企业的可持续发展,进行人力投资是必不可少的。

例如,俄罗斯航空公司就在这方面开展了相关活动,企业为员工提供了企业内部的员工培训,同时会在企业外机构接受相关培训,这些机构既有国内的,也有国外的。通过这些培训,可以提高员工的工作表现,提高其团队合作能力,并且可以开阔其创新思维能力。企业内部向员工提供上百项培训计划,开设上千个培训课程,这些课程包括对机组人员的培训、地面人员的培训、其他工程与技术人员的培训等。同时,公司的操作人员要参加公司内部培训,涉及飞行安全的经理和专家需要在高级资格再培训中心、国家民用航空科技大学和航空工业经理和专家培训机构接受培训。整个公司所有部门员工都有相应的培训课程。

(二)伦理道德信息披露

关于伦理道德方面的信息披露,在调查的企业中有 11 家进行了关于社会发展以及赞助和慈善活动方面的信息披露。其中有 5 家进行了社会发展方面的信息披露;有 7 家公司进行企业赞助活动方面的信息披露,这些赞助主要集中在体育、医疗和教育领域。

1.社会发展方面

(1)卢克石油公司

以卢克石油公司为例,该企业在其经营活动中与地方相关机构开展合作,帮助当地的居民提高其社会保障标准。同时,企业多年来为孤儿群体提供福利,组织孤儿夏令营旨在提高他们的学习和生活质量。除此以外,卢克石油公司支持当地居民参与石油生产的计划。

(2)萨哈钻石公司

萨哈钻石公司也很重视社会发展方面的活动,尤其是西雅库特地区的社会经济发展他们十分关注。公司对该地区的发展制定了相应的目标,目标计划的内容如下所示:

第一,保证当地儿童的娱乐项目建设。

第二,在当地进行相应设施的建设、修理和维护。

第三,帮助当地组织农业产品运输工作。

第四,对当地的机械设备、燃料和润滑剂进行收购。

第五,积极发展企业的后勤业务,并向当地相关居民提供补贴。

第六,尽可能对当地居民实施援助。

(3)鞑靼石油公司

俄罗斯鞑靼石油公司作为鞑靼共和国的最大纳税人之一,该企业对自己承担的企业社会责任有充分的认识,所以该企业在履行企业社会责任方面做出了自己的努力。鞑靼石油公司制定并实施了一系列的计划用以提高其经营地区的居民生活质量。公司在很多领域都进行了社会投资,在各个方面为提高人们的生活水平而努力,仅在 2004 年就有 110 项企业社会方案被记录下来。

(4)诺里尔斯克镍公司

俄罗斯诺里尔斯克镍公司也是致力于社会发展的企业之一,其对诺里尔斯克和其他地区的社会经济发展事业十分关注。该公司注重这些地区的教育发展,参加了很多地区的教育机构以及幼儿学校组织的活动,这些活动涉及文化、体育和娱乐等多个方面。同时,企业致力于维护地方的和谐稳定发展,与地方政府以及非政府组织建立良好的合作关系,开展实施一系列发展文化、艺术、体育方面的计划,还帮助地区解决弱势群体的实际生活困难问题。其中,为了帮助解决社会弱势群体的问题,企业为地方残疾群体利益团体,以及其他弱势群体利益团体提供援助。

2. 企业赞助活动方面

(1)鞑靼石油公司

鞑靼石油公司建立了"天才儿童"基金,这项基金的建立主要是福利于鞑靼东南部地区的儿童和青少年,为该地区在智力或是技艺上有天赋的儿童和青少年群体提供相应帮助。

(2)俄罗斯天然气公司

俄罗斯天然气公司对俄罗斯体育进行了赞助,并积极开展慈善活动。该企业支持国家的体育事业,关注人们的健康生活方式,支持国家文化、体育、科技等各个方面的发展,同时还在环境保护方面做出了努力。

(三)环境信息披露

在环境信息披露方面,主要对与环境保护、医疗与安全相关的信息披露进行考察。在受调查的 20 家企业中,有 17 家企业对环境相关信息进行了信息披露,8 家企业对医疗与安全方面进行了信息披露。

1.环境保护方面

(1)俄罗斯天然气公司

俄罗斯天然气公司在环境保护方面制定了生产经营原则,即尽量减少生产活动对自然环境造成的破坏,降低对自然资源使用产生的不利影响。随着社会不断发展,俄罗斯的天然气生产和运输的需求增加,同时为了更好地提供相应服务还进行了供气系统的大规模重建,在这种情况下,俄罗斯天然气公司的生产设备对环境的影响仍然保持在较低水平,在某些方面的数据还有所下降。

(2)卢克石油公司

卢克石油公司对环境保护进行了信息披露,该公司通过以下几个方面的声明表达了自己的立场。

卢克石油公司保证利用自然资源是为人类提供有利的服务,同时公司会承担公司业务所造成的环境问题带来的责任,公司保证在生产和经营中尽量减少对环境的损害。

除了以上这样承诺性质的信息披露外,卢克石油公司还进行了量化的环境信息披露,其中包括企业污染的土地面积、污水排放量、在环境方面的财政支出。

2.医疗与安全方面

对于这方面进行信息披露的公司比较少,所以可以分析的信息也比较少。

其中,卢克石油公司在医疗与安全方面进行了一定信息披露。该公司在报告中提出,该公司的劳动与工业安全标准符合公司的政策文件"21世纪劳动与工业安全和环境保护"。预防工业事故和特定工作中安全标准的鉴定是公司制定劳动与工业安全制度中十分重要的一个环节,所以在进行医疗与安全方面的信息披露时应该将这一点考虑进去。

参考文献

[1]黄少英.企业伦理与社会责任[M].大连:东北财经大学出版社,2015.

[2]买生,王忠.企业社会责任管理研究[M].北京:人民日报出版社,2015.

[3]杨伟国,黄伟.战略企业社会责任[M].大连:东北财经大学出版社,2014.

[4]胡永红.转型期中国企业社会责任研究[M].成都:西南财经大学出版社,2016.

[5]李扬,黄群慧,钟宏武.企业社会责任蓝皮书:中国企业社会责任研究报告(2016)[M].北京:社会科学文献出版社,2016.

[6]刘国华,吴博.共享经济 2.0:个人、商业与社会的颠覆性变革[M].北京:企业管理出版社,2015.

[7]张正勇.企业社会责任报告决策价值研究:基于呈报格式和使用者认知的视角[M].成都:西南财经大学出版社,2016.

[8]郭国庆.营销伦理[M].北京:中国人民大学出版社,2012.

[9]法约尔.工业管理与一般管理[M].北京:机械工业出版社,2013.

[10]曹大为,赵世瑜.历史(必修二)·经济成长历程[M].长沙:岳麓书社,2010.

[11]孙继荣.现代企业社会责任[M].北京:中国经济出版

社,2013.

[12]纪良纲.商业伦理学[M].北京:中国人民大学出版社,2011.

[13]黎友焕.企业社会责任[M].广州:华南理工大学出版社,2010.

[14]刘军,黄少英.儒家伦理思想与现代企业管理伦理[M].北京:科学出版社,2010.

[15]刘可风.企业伦理学[M].武汉:武汉理工大学出版社,2011.

[16]杜拉克.杜拉克管理思想全书[M].北京:九州出版社,2001.

[17]雷恩.管理思想的演变[M].北京:社会科学出版社,2002.

[18]德鲁克.后资本主义社会[M].张星岩译.上海:上海译文出版社,1998.

[19]乔治·恩德勒.发展中国家经济伦理[M].陆晓禾译.上海:上海社会科学院出版社,2003.

[20]乔治.诚信领导[M].王成,顾澄清译.北京:电子工业出版社,2004.

[21]彼得·德鲁克.组织的管理[M].上海:上海财经大学出版社,2003.

[22]乔治斯蒂纳·约翰斯蒂纳.企业、政府与社会[M].张志强,土春香译.北京:华夏出版社,2002.

[23]田虹.企业社会责任及其推进机制[M].北京:经济管理出版社,2006.

[24]杨瑞龙,周业安.公司的相关利益者理论及其应用[M].北京:经济科学出版社,2000.

[25]斯蒂芬·波尔托兹基.创造环保型企业价值[M].孙海龙译.北京:机械工业出版社,2003.

191

[26]周国银,张少标.SA8000社会责任标准理解及实施指南[M].北京:中国计量出版社,2004.

[27]王灿发.中华人民共和国水污染防治法阐释[M].北京:中国环境科学出版社,1997.

[28]高广阔.跨国公司绿色管理[M].北京:经济管理出版社,2007.

[29]李雪平.企业社会责任国际法律问题研究[M].北京:中国人民大学出版社,2011.

[30]何怀宏.伦理学是什么[M].北京:北京大学出版社,2002.

[31]杨世伟.全球企业社会责任实践[M].北京:经济管理出版社,2011.

[32]杨连柱.史玉柱如是说:中国顶级CEO的商道真经[M].北京:中国经济出版社,2008.

[33]殷格非,李伟阳.企业社会责任报告编制指导[M].北京:中国人民大学出版社,2010.

[34]雷纳多·奥萨多.可持续发展战略:企业"变绿"何时产生回报[M].北京:机械工业出版社,2012.

[35]叶陈刚.企业伦理与社会责任[M].北京:中国人民大学出版社,2012.

[36]叶陈刚,王克勤,黄少英.商业伦理学[M].北京:清华大学出版社,2013.

[37]张景云,于涛.100个成功的公关策划[M].北京:机械工业出版社,2002.

[38]秦颖,武春友,徐光.企业行为与环境绩效之间关系的相关性分析与实证研究[J].科学学与科学技术管理,2004(2).

[39]钱颖一.企业的治理结构改革和融资结构改革[J].经济研究,1995(1).

[40]王加灿.基于生命周期理论的企业社会责任管理[J].企

业经济,2006(5).

[41]杨东宁,周长辉.企业环境绩效与经济绩效的动态关系模型[J].中国工业经济,2004(4).